AF449913

# Amato Russomanno

# Essentialité

Statale34

Titre | **Essentialité**
Auteur | **Amato Russomanno**
Image de couverture | **Chiara Russomanno**
Traduction de l'italien au français | **Laura Russomanno**

ISBN | 978-88-92615-92-2



*E-mail auteur:* **amatorussomanno@alice.it**
*Site Internet*: **www.statale34.it**

Youcanprint
Via Roma, 73 - 73039 Tricase (LE) - Italy
www.youcanprint.it
info@youcanprint.it

# *Dédicace*

*Ce petit livre est dédié aux mères.*

Elles vivent l'essentialité d'une manière profonde et totale.
Elles le font même quand elles ne son pas capables de la définir, elles ne savent pas ce que c'est, et elles ignorent même la signification du terme essentialité.

Mais, dans un sens plus étendu, mère est celle qui collabore à la naissance de la vie, s'offrant comme instrument pour le devoir, sublime et extraordinaire, de *mettre au monde.*

Chaque fois que nait une plante, un animal, un homme… une poésie, une musique… chaque fois que le nouveau se manifeste dans le monde… ***une mère est là.***

L'essentialité de la mère s'exprime en syntonie et en communion avec la Nature, ou comme d'autres préférent dire, avec Dieu.
Il s'agit d'être un seul être, avec Elle ou avec Lui, dans cette foncion créative, gouvernée par l'intelligence et par l'amour, qui est propre de l'Ensemble qui nous contient tous, nous gouverne, et nous fait vivre.

### *Mère signifie Création*

Il suffit de regarder autour pour comprendre que la Vie c'est la mère d'elle même, parce-que, en créant, elle se régénère continuellement.
La planète qui nous accueillie est aussi une mère.
L'écoute profonde intérieure de cette séquence de sons nous le révèle, véritable fragment musical de six notes:

*… Mater… matière… materre… ma-terre… terre… Terre…*

Le son des mots ne nous trahit jamais et nous pouvons toujours nous confier à lui en toute sécurité.

C'est parce-que *le mot* lui-même est une mère.

Au moment où le mot est prononcé, il cesse d'appartenir à celui qui l'a exprimé. Il cesse d'être fils et devient mère, si bien qu'il commence à vaguer par le monde en générant la manifestation de la définition qu'il contient.
Le son du mot, fruit de la semence qui l'a généré et qui l'anime, atteint chaque aspect de la réalité, qui résonne à son tour, en fonction de son état de compréhension et de ses propres possibiltités.


*Je voudrais adresser une dédicace personnelle à certaines des personnes qui pour moi ont été des mères, dans le sens qu'elles ont fait naître quelque chose de nouveau et d'important dans ma vie.*


*A Béatrice, pour tous Bice*
*... sans Elle, sans son encouragement, et ses suggestions, ce livre ne serait jamais né*


*A ma femme Cati*
*... sans Elle, l'amour ne serait jamais né et maintenant mes filles Francesca, Laura et Chiara ne seraient pas là*


*A ma mère Tarcisia*
*... sans Elle, je ne serais jamais né et ma soeur Grazia non plus et maintenant ma nièce Valentina ne serait pas là*

# *Remerciement*

Le contenu de ce livre est le résultat des rencontres que j'ai eues pendant ces quinze dernières années avec des personnes de provenance différente.

Ces réunions ont toujours eté animées par la recherche de la verité et par le désir de comprendre la vie, ses logiques mystérieuses et le dessin qui unit au plus profond tout ce qui semble séparé quand on s'arrête à la suface. Cette intention partagée a créé parmi les participants des moments de voisinage et de contact intime, leur permettant de mieux comprendre, le sens et la valeur de ce que nous appelons *humanité*.

Le nombre de ces personnes est vraiment immense, et c'est impossible de toutes les citer ou de les rappeler.
Un très grand nombre de personnes sont arrivées, beaucoup sont partis, peu sont restés, personne n'est revenu.

*Je présente mes plus sincères remerciements a tous*

Mais je voudrais adresser un remerciement spécial à certaines personnes auxquelles un sentiment de vraie amitié me lie, un sentiment d'entente sans mots et de fraternité basée sur un amour solide, mûr et permanent.

*Ce sont mes amis fidèles qui se rencontrent encore avec moi sur la route*

## Statale34

# Chapitre 1

# *Au réveil*

# Au réveil

Le matin le son du réveil nous surprend plongés dans le sommeil.
Il nous éloigne du monde intérieur des rêves et nous pousse vers
le monde extérieur riche d'evénéments
Il le fait brusquement et mécaniquement.
Peu après la machine des processus vitaux entre en foncion avec
ses automatismes et ses requêtes pressantes. De cette manière la
séparation du monde intérieur se complète alors que

**le monde extérieur prend possesion du temps**

Au cours de la journée, le contact avec le monde intérieur, si
jamais il se verifie, il est rare et momentané, et le souvenir des
rêves, même ceux qui entre le sommeil et la veille étaint apparus
lucides, authentiques et révélateurs, il disparait.

*Séparés de nous même, nous vivons en nous consommant.*
Nous accumulons de la fatigue, à chaque instant, à tel point que le
soir nous somme épuisès. A ce point là

**le sommeil et l' énergie calme de la nuit
assument le devoir de la régénération**

Pendant que nous dormons, c'est comme si des centaines d'amis
et de fidèles serviteurs se donnaient la peine, en nous même, de
nettoyer, en jettant les ordures de l'inquiétude et de l'anxiété, en
chassant les intrus, en expulsant le venin des émotions négatives,
de la médisance et de la guerre. De cette manière,

**en recréant l'ordre interne,
ils rétablissent la vitalité**

Force et énergie sont disponibles à l'aube du nouveau jour qui s'offre à nous avec son arc-en-ciel de possibilités.

Ce qui importe le plus c'est de réussir d'en saisir au moins une, afin que le nouveau jour soit vraiment nouveau, et

**l'aube devient non seulement la renaissance du soleil,**
**mais aussi la renaissance de nous-même**

La chose la plus commune, quand vous vous réveillez, est, au contraire, celle d'être aspiré dans le flux mécanique des événements, restant aveugles à ce qui est nouveau et insensibles à la beauté de la vie, qui est dépossédée par les chèmes de la survivance.

*Alors, la lutte règne souveraine et il n'y a le temps pour rien d'autre.* Les émotions négatives, la plainte, le jugement et d'autres expressions destructives, font que l'énergie, régénérée par le sommeil est consommée presque instantanément. De cette manière la course vers la fatigue reprend et se conclura, au soir, en laissant derrière soi un jour identique à ceux qui l'ont précédé.

Comme on voit, la conscience de soi est plus éveillée quand le corps dort, et plus endormie lorsque le corps est éveillé.

Ça ne devrait absolument pas être ainsi, mais il arrive, parce que le sommeil de la conscience est un sommeil innaturel:

**un sommeil hypnotique**

Nous restons hypnotisés par le film projeté à l'extérieur.

Les objets, les personnes, les lieux, les situations, et les événements se succèdent sans arrêt, associés à des images en mouvement.

Il s'agit d'impressions sensorielles qui pénétrent en nous, nous possédent et prennent possession de notre vie.

Cela arrive parce que nous avons perdu le contact avec l'intériorité et l'*essence*, si bien que,

**séparés de l'être,**
**nous sommes bouleversés par le devenir**

C'est une distorsion du vivre qui se verifie quand l'homme est réveillé, mais la conscience est endormie.
Mais si la conscience se réveille, la distorsion disparait et

**l'être s'exprime dans le devenir**

En effet, en terme général,

**le devenir n'est rien d'autre que**
**l'être qui se déroule au fil du temps**

Si le contact avec l'intérieur ne s'interromp pas, nous serions présents à nous même et la conscience, partiellement eveillée dans le sommeil, le serait beaucoup plus lorsque le monde lui offre la nourriture de l'expérience.
Elle voierait, dans les informations qui lui arrivent par les sens,

**les ingrédients à utiliser**
**dans la construction du sens de la vie**

Au contraire, *quand le contact avec le monde intérieur est absent, nous sommes absents aussi.* Les impressions sensorielles arrivent de toute façon, mais il n'y a personne qui les utilise et qui leur attribue une signification et une fonction. Ainsi

**elles occupent l'espace mental,**
**nous envahissent, et au lieu de nous servir,**
**nous soumettent**

*Les sens de l'homme absent perdent leur sens.*

Quand l'être humain n'est pas présent, les sens perdent la signification et la fonction. Leur tâche serait de recueillir les données sensorielles et de les soumettre à l'examen de la conscience, mais si elle est endormie, la voie est libre et chaque accés est autorisé. Les sens, en devenant ouvertures sans filtre à travers lesquelles tout peut entrer, se transforment en véritables brèches dans l'integrité de l'homme.

C'est cela **un état de sommeil hypnotique** où la vie s'appauvrit juqu'à devenir survie: état dans lequel il n'y a pas d'amour, de joie, de volonté, de créativité, d'union, mais seulement division, séparation, fragmentation, mécanicité, inquiétude, besoin et peur.

*A ce point là la vie ne peut plus être créée, mais seulement subite.*

*Voilà alors que le chemin de retour de la survie à la vie peut commencer juste au réveil.*

Dans le sommeil, la conscience de soi demeure totalement dans l'intériorité, et c'est une entité avec elle. Il est nécessaire que cette union ne se désagrège pas en passant par le processus du réveil. L'attention à l'extérieur ne doit pas remplacer celle à l'intérieur, en lui dérobant la place et la fonction, mais la soutenir et s'unir avec elle en une entité harmonique de fonctions complémentaires. Il est utile, au réveil, *de prendre temps et soin, en tardant dans la perception de soi même,* en s'écoutant et en préservant l'énergie intérieure, dans sa quantité et dans sa qualité. C'est une énergie pure, qui jaillit du profond, et crée une

**atmosphère intérieure,<br>
de nature essentielle, riche en vie**

C'est une atmosphère différente pour chacun, mais elle contient, souvent en abondance, des aptitudes positives et précieuses pour la vie, comme la chaleur, la force, la confiance, la motivation, le courage, l'initiative, l'impulsion créative, l'accueil, la tolérance, la douceur, la gratitude, l'amour et la paix.

Peu après, avec calme et gradualité patiente, il est convenable de s'ouvrir à l'extérieur. Il s'agit d'un passage dèlicat, où il faut que notre attention, en s'adressant a l'extérieur, reste en contact avec l'atmosphère intérieure. Au moment où nous sommes capables de faire cela, il n'est pas difficile de nous apercevoir qu'une nouvelle attention s'est produite, plus lucide et plus profonde contenant ***une attention à l'attention.***

Il s'agit d'une **attention globale** qui, sans se perdre, se subdivise et se bifurque le long de deux directions: l'intérieure et l'extérieure. En restant unique, elle s'adresse et s'applique, en même temps, à deux réalités bien distinctes.

**Dans l'attention globale,**
**intériorité et éxtériorité s'unissent,**
**et l'être humain acquiert une perception unitaire de soi**
**et du monde qui l'entoure**

Il perçoit lui-même, le monde, et lui-même dans le monde.
Alors il ne considère plus le monde comme une menace, mais comme la réalité bénévole qui le tient au sein: l'entité vivante à laquelle il conçoit et perçoit d'être intimement uni.

*A ce moment-là il voit lui-même comme faisant partie d'un Tout.*

Il s'aperçoit que l'univers illimité, qu'il craignait depuis longtemps qui l'écrasait avec sa grandeur, en réalité, le nourrit avec amour.

En outre il le soutient, à chaque instant, avec une intelligence incomparable, dans tous les aspects de la vie, même ceux les plus insignifiants.

Quand cela arrive, les humains ne se sentent plus séparés et, à cet instant-là,

**le peur s'affaiblit et nait la confiance
ou, comme certains disent, la foi**

*A tout cela s'accompagne un sentiment de paix.*

Dans cette dimension d'union et d'intégrité, l'être humain a une énergie stable qui se maintient et augmente continuellement. En plus il possède une *personnalité très stable* qui le rend capable

**d'accueillir les expériences du monde,
en tirant avantage et enseignement
pour tout ce qui arrive**

Cet ***ego permanent et présent*** observe, comme j'ai déjà dit, trois réalités fusionnées: lui même, le monde extérieur et lui même pendant qu'il observe le monde extérieur. Comme ça il assume la fonction d'

**un observateur qui regarde tout du haut
et n'est pas bouleversé par les évènements**

Cette condition est appelée de différentes façons selon les pays et les traditions: vigilance, conscience de soi-même, présence, observateur, intégrité, rappel de soi, vacuité, détachement… etc.

Ce qui importe c'est qu'elle est impliquée à une qualité de vie plus élevée, de sorte que, parfois, et dans des contexts très différents, on l'appelle *la vraie Vie*.

16

# *Conclusion*

Nous nous sommes occupés de *la magie de l'aube*, c'est à dire de la possibilité d'

**exploiter le voisinage de la vie
qui se crée spontanée, au réveil,
sous l'influence du lever du soleil**

Pour saisir, pratiquement et réellement cette possibilité, il faut construire des instruments de travail simples, clairs et concrets: quelques règles de comportement quotidien qui, au début il sera inévitable d'oublier ou de transgresser, mais qui, par la suite, en persévérant, se consolideront et fonctionneront, en nous donnant leurs dons les plus précieux.

Développer ces instruments est une tâche individuelle, mais, pour ne pas laisser le discours en suspens, nous analyserons en détail l'instrument fondamental, en grande partie décrit dèjà, qui consiste à *préserver la vitalité.*

Pour les instruments succesifs, ou avancés, nous nous limiterons à indiquer des *lignes de conduite et des conseils.*

# Préserver la vitalité

Cet instrument se propose de préserver la vitalité présente en nous même au moment du réveil, en ne disperdant pas l'atmosphère intérieure et les attitudes, vitales et consrtuctives, qu'elle contient. Cela concerne de simples comportements à mettre en oeuvre dans trois moments principaux: *au réveil, pendant la journée, le soir avant de s'endormir.*

## Au réveil:

*- maintenir le contact avec le monde intérieur tout en entreprenant tout ce qu'on doit faire*

*- maintenir la perception de la vibration et de l'atmosphère intérieure de manière à avoir une énergie stable*

## Pendant la journée:

*- maintenir actif l'observateur et ne pas céder son propre pouvoir aux événements, mais le conserver grâce à la vision d'en haut*

*- utiliser des stratégies pour réveiller l'observateur quand il s'endort et pour rétablir le contact avec le monde intérieur quand on l'a perdu*

## Le soir avant de s'endormir:

*- renouveler la confiance en l'avenir*

Même si le soir nous sommes fatigués, parce-que les événements de la journée ont fini par nous bouleverser, et nous éprouvons un sentiment d'échec pour ne pas avoir réussi à respecter nos desseins, il est important de ne pas oublier et de renouveler l'idée que

*rien n'est perdu*

En effet, pendant la nuit, notre machine biologique sera ramenée à ses conditions initiales.

Elle recevra un *reset*, si bien que demain au lever du soleil, il y aura un nouveau principe, et tout sera encore possible.

Il est donc important de se coucher en apportant avec nous la confiance et le dessein qu'à l'aube du nouveau jour, nous saisirons les possibilités qui nous sont données, et il n'est pas important si la veille nous n'avons pas réussi.

Dans ce but, il est toujours utile de tenir compte de l'importante équation:

*aube = nouveau principe = toutes les possibilités intactes*

# Lignes conductrices et suggestions

Nous présupposerons que tout ce qui est décrit a été mis en place de manière constante, jusqu'à devenir une modalité de fonctionnement stable, une attitude cristallisée. Comme ça nous nous retrouvons en possession d'une vitalité remarquable, d'une grande énergie et d'attitudes importantes et constructives.

*C'est un résultat important, à condition que nous sachions comment l'utiliser.*
En effet, comme il arrive dans tous les processus de la vie,

**la fin est un nouveau début
et l'arrivée est un nouveau départ**

Alors il faut un but, une intention, une valeur à laquelle nous aspirons et que nous ayons la forte volonté de poursuivre. Il devient la destination de notre prochain voyage et la nouvelle signification dont on commence à s'enrichir et à colorer notre vie. Les intentions possibles sont nombreuses, et sont differentes pour chaque individu et elles peuvent appartenir à des niveaux trés differents. Par exemple: être heureux, trouver l'amour, gagner beaucoup d'argent, écrire un livre, meubler une maison, perdre dix kilos… etc.
C'est pour cette raison que le thème des instruments avancés assume un caractère individuel et doit être calibré sur la personne. Toutefois un important aspect commun existe:

**aucun but est réalisable
sans la maîtrise de soi**

C'est le présupposé indispensable pour l'obtention de n'importe quel objectif et pour le succés de n'importe quelle action.

### Acquérir la maîtrise de soi
### c'est l'intention primaire à la base de toute autre intention

Pour cela, avant tout, nous nous occuperons de devenir maîtres de nous même.

*Qu'est-ce que c'est exactement la maîtrise de soi?*

### La maîtrise de soi c'est la capacité permanente
### d'accomplir des actions intentionelles

Naturellement, rien ne garantit que les actions intentionelles produisent le résultat voulu, qui dépend aussi des circonstances imprévisibles. Simplement, elles en augmentent la probabilité de réussite qui, autrement, dépendrait exclusivement du cas.

### Les actions intentionnelles
### sont l'instrument pour engager le cas
### à collaborer à la réalisation de notre destin

Chercher l'intentionalité, produit de toute façon un résultat important: l'amélioration de la connaissance de soi, de la maîtrise de soi, et de sa propre efficacité dans la vie.

*Le maître de soi c'est celui qui possède l'aptitude consolidée à accomplir des actions correspondant à ses propres intentions, à chaque circonstance et à chaque instant de l'existence.*

Construire cette aptitude, parait un devoir si grand qui semble impossible. Le découragement et le désir de se rendre peuvent surgir en déclarant notre impuissance.

Pourtant si nous considérons la vie humaine comme une suite de jours, en moyenne 30.000, nous pouvons détourner l'attention de la vie dans sa totalitè et l'adresser simplement à une journée.

Pour devenir maîtres de nous-mêmes dans la vie il nous suffit de devenir  maîtres de nous-mêmes pendant la journée.
Savoir vivre, signifie cristalliser l'aptitude à *savoir vivre chacun de nos jours.*

Ainsi, tout en considérant le laps de vingt-quatre heures une dimension avec laquelle nous pouvons nous confronter, le problème à affronter semble vraiment difficile.

Voilà alors que la sagesse de **Lao Tzu** nous aide en affirmant:

**le plus grand problème du monde
pouvait être résolu quand il était petit**

Un problème est petit quand il naît, au début.
Le début de la journée c'est le réveil et nous savons qu'à ce moment là, chaque possibilité est ouverte et rien n'est encore compromis.
Comme ça nous sommes capables de répondre à la question présentée avant:

*Comment utiliser la richesse qui s'offre à nous au réveil?*

Si nous voulons devenir maîtres de nous mêmes et affronter le problème quand il est petit,  nous concluons qu'il faut utiliser la vitalité disponible au réveil, et la claireté que nous possédons à la lueur de l'aube dans le but de

**projeter notre journée**

Projeter notre journée signifie, non seulement, le matin, dresser une liste des activités à faire, chose que souvent les gens font, mais surtout,

**mettre en acte les aptitudes qui gouverneront
le jour qui va naître**

Nous pouvons, par exemple décider que notre journée doit être gouvernée par une aptitude de paix, parce que la paix est une dimension inattaquable et riche d'une force intérieure, qui est precieuse pour l'efficacité de nos actions.

Alors, au réveil, dans la claireté et dans la plénitude du contact avec nous-mêmes, nous activerons *l'aptitude à la paix.*
Elle est présente dans notre monde intérieur, comme un vêtement dans l'armoire; nous pourrons la choisir et la porter pendant toute la journée, exactement comme on fait avec un vêtement.

En effet il y a une loi dans la vie selon laquelle,

**un nouveau début
nait toujour de l'intériorité**

Pendant la journée, nous essaierons de mantenir l'aptitude choisie, et de la réaffirmer continuellement en ne cédant pas aux tentations du conflit et de la guerre, de la plainte et de la médisance, de la complicité et de la rébellion, du refus et de la fuite et de toutes les aptitudes qui, contraires à la paix, nous affaibliraient inutilement.
En plus, toutes les fois que nous consultons la liste des choses à faire, nous nous rappelons de les entreprendre avec une aptitude de paix, de force et de confiance que nous avons choisie et qui devrait devenir, avec le temps, l'échafaudage d'appui et l'encadrement de référence de chaque pensée, émotion et action.

Résumons donc le parcours décrit.

## *Préserver sa propre vitalité*

- *le matin* en restant en union avec l'intériorité,

- *pendant la journée* en maintenant actif l'observateur

- *le soir* en renouvelant la confiance dans le lendemain

Une fois que ce comportement aura été constamment pratiqué, jusqu'à devenir un vrai et propre style de vie, nous pouvons passer à la phase suivante, qui est celle de commencer à projeter notre journée.

## *Projeter la journée*

Signifie

- rédiger la liste des choses qu'on veut faire

- les exécuter ensuite en opérant les ajustements nécessaires

- activer et cultiver les aptitudes intérieures destinées à gouverner la journée et chaque activité qui se déroule

Quand tout cela se réalisera, jour à jour, de plus en plus, dans un affinement continu de l'existence, nous verrons l'attention, la constance et la volonté, fleurir progressivement dans notre vie jusqu'à l'obtention de la maîtrise de nous-mêmes.

## La maîtrise de nous-mêmes

Nous comprendrons l'avoir atteinte quand nous serons conscients de *vivre totalement plongés dans le présent.*

Nous vivrons dans la *gratitude,* pour le soutien que le passé nous offre et dans la *confiance* dans les dons que l'avenir nous donnera.

*Nous serons dans le présent parce que nous aurons cessé de nous enfuir ailleurs.*
Il faut comprendre que le présent s'évanouit chaque fois qu'on se réfugie dans le passé ou on se projette dans l'avenir.
On se jette dans l'un, parce qu'on refuse et qu'on fuit l'autre.
C'est *la peur de l'avenir* qui nous porte à le refuser et à l'éviter, en nous réfugiant dans le passé. C'est *une douleur du passé* qui, refusée jusqu'aujourd'hui, parce qu'elle n'a pas été ni acceptée ni comprise, qui renouvelle en nous la souffrance pour ce qui est non résolu. Pour nous soustraire à elle, nous recourons au pouvoir de l'imagination et nous fuyons dans un avenir inexistant.
Dans les deux cas le présent se dissoud.

*Une brève incise sur la douleur.*

La douleur fait partie de la vie. C'est un événement du présent et dure un temps limité: le temps nécessaire pour sa compréhension. Une fois comprise elle cesse parce-qu'elle a déroulé sa tâche avec succés: elle a donné son enseignement.
Si elle est refusée, le processus de la compréhension se bloque, et la douleur se renouvèle, en proposant de nouveau la leçon non apprise. Le refus de comprendre la douleur, empêche que celle-ci s'en va et fait de sorte qu'elle se prolonge de manière non naturelle et non nécessaire.
Nous pourrions appeler *souffrance* cette *continuation artificielle de la douleur.*

Un bon exemple est celui d'un homme qui reçoit une gifle.

La douleur pour la gifle reçue, dure quelques minutes, mais la souffrance qui s'ensuit peut durer longtemps. C'est parce que la victime voit dans ce qui s'était passé une injustice qu'il est impossible de comprendre et par conséquent elle la refuse.

**C'est l'origine obscure de l'événement
qui le rend une injustice
et elle lui donne un pouvoir si grand**

Si l'agresseur disait: "Excuse-moi de t'avoir donner une giffle, je t'avais pris pour un autre", en un instant la souffrance cesserait. Nous pouvons conclure que

**la souffrance est le prolongement de la douleur
qui se produit en la refusant**

Il émerge clairement la distinction que

**la douleur fait partie de la vie,
la souffrance fait partie de l'esprit**

*La douleur se trouve dans le présent.*
En la comprenant, je reste moi aussi dans le présent et je verrai la douleur s'éteindre en temps nécessaire.
Ensuite, à cause d'une loi d'alternance propre à l'existence, je verrai la joie émerger et prendre la place de la douleur.

*Le refus de la douleur c'est la fuite du présent.*
A cause du refus j'entre dans les mécanismes de négation qui me mènent dans le passé ou dans l'avenir.
Cette étrangeté à la vie est une condition infernale qui peut durer longtemps. Elle dure tant que le refus dure.

*L'homme qui vit dans le présent est dans la présence, l'homme qui vit dans le passé ou dans l'avenir, est dans l'absence.*

La présence peut contenir la douleur, mais elle est transitoire et termine; l'absence est comble d'une souffrance sans fin.
Elle ne cesse pas, jusqu'au retour au présent et à la vie  réelle.

Reprenons le thème de la *fuite du présent*, qui arrive en se réfugiant dans le passé ou en fuyant dans l'avenir.
Quand ça arrive, l'être ou mieux le bien-être, s'interrompt et se crée une discontinuité, un vide de l'existence.
Dans ce vide de l'être, les projections prennent naissance.
Ce sont les fantômes du passé ou les spettres de l'avenir qui, en s'emparant de notre énergie vitale, s'animent et vivent une propre vie éphémère et temporaire. Ils vivent comme des parasites à nos dépens, et nous, privés de notre énergie vitale et dérobés de la vraie vie, nous survivons.

*Est-ce que nous pouvons vivre continuellement dans le présent?*

Pour que le présent puisse exister, et que nous puissions vivre pleinement, il faut que l'avenir et le passé se rencontrent.
En effet, le présent est simplement le point de contact, du passé et de l'avenir.

S'ils ne se rencontrent pas et ne se touchent pas, le présent n'existe pas.

Comme le présent, dont nous sommes en train de parler, est le nôtre, il s'ensuit que la rencontre doit arriver pour nous et en nous.
Passé et avenir peuvent se rencontrer en nous, si nous les acceptons et les accomodons tous les deux, mais ils ne peuvent le faire pas si nous refusons l'un ou l'autre.

La rencontre ne peut pas arriver si nous nous attaquons au passé parce que nous craignons l'avenir, ou si nous fuyons dans l'avenir parce que nous voulons effacer et détourner le passé.
Si nous le faisons, passé et avenir resteront séparés en nous et nous perdrons, non seulement le présent, mais tout bonnement nous mêmes.

Pour cette raison,

**le chemin de la présence
est
le chemin de l'acceptation**

Aussitôt que l'acceptation de la vie, dans sa totalité, arrive en nous, passé et avenir se touchent immédiatement et nous tombons dans le présent à peine retrouvé.

*A ce moment là, la vraie vie nous est rendue.*

De cette façon nous bénissons le passé qui nous a mené dans le présent et nous sommes prêts à accueillir l'avenir qui nous conduira à la prochaine aventure que la Vie est en train de créer pour nous.

# *Réflexion finale concernant le bonheur*

Il existe beaucoup de livres qui promettent de dévoiler *le Secret du Bonheur*. Ces publications ont beaucoup de succès parce que beaucoup de personnes croient s'emparer d'un secret caché, qui leur permet de trouver la clef magique du bonheur.

Au contraire, il n'y a aucun secret, tout est très évident et clair comme le jour. Simplement, il s'agit de comprendre que

**chaque homme a sa profondeur**

Cette profondeur, ce profond sentiment, coïncide avec ce qu'il est vraiment, au-de-là de l'éducation, des habitudes, des rôles et des conventions sociales. Il s'agit de sa nature essentielle qui préexiste aux idées qu'il a du monde e de lui-même.
La nature  essentielle n'a rien à voir avec l'image de soi que l'on essaie toujours de donner aux autres.

*La clef du bonheur consiste à vivre en comunion avec la profondeur, en manifestant la définition de sa propre vie et les intentions qu'elle contient, de manière à exprimer totalement et simplement ce que l'on est.*

*Alors pourquoi l'être humain est presque toujours malheureux?*

Parce que cette profondeur, il ne la connait pas et il ne connait pas même les intentions qu'elle contient.
Il ne sait pas qui il est, et il ne sait pas ce qu'il veut.
Il ne sait pas pourquoi il vit et donc il survit.
Il n'y a pas de bonheur dans la survie!

On comprend bien la valeur de *la vielle sagesse* quand elle
affirme: *homme, connais-toi, toi-même*. Cela veut dire: découvre
qui tu es, ce que tu veux et pourquoi tu vis.

Mais si même l'être humain savait ce qu'il veut, il ne pourrait pas
le réaliser et en faire expérience, sans la maîtrise de soi.
La connaissance de soi et la maîtrise de soi, sont donc, toutes les
deux, indispensables pour une vie heureuse.

Le bonheur n'est pas, en effet, quelque chose qu'on achéte, ou
qu'on obtient immédiatement avec un coup de baguette magique,
mais le résultat d'un processus évolutif qui se construit
graduellement.

Il existe un chemin vers le bonheur où il se manifeste et il se
réalise, étape par étape. C'est un chemin qui est basé sur deux
piliers essentiels, deux tâches fondamentales, qui doivent être
cultivés parallélement et constamment:

**la connaissance de soi et la maîtrise de soi**

Plus l'être humain progresse sur ce chemin, plus sa peur se
dissout. En même temps, il sent la vie qui coule en lui de plus en
plus et avec un apport d'énergie, de paix, de force, de joie et de
vitalité jusque-là inconnu.

C'est parce qu'en lui, quand la peur se dissout, l'amour
recommence à couler plus librement et à effectuer *sa tâche de
source de vie*. En effet

**la tâche de l'amour
est d'insuffler la vie
à tout ce qu'il rencontre**

# Chapitre 2

# *L'amour qui insuffle la vie*

# L'amour
# qui insuffle la vie

*Comment maintenir en vie ce qui est important pour nous?*

*Comment préserver la vie qui existe déjà?*

C'est une question qui s'applique à tout.
Supposez être arrivés à un résultat ou à une situation qui fonctionne, qui a valeur et qui vous satisfait.

Cela peut être une maison rangée, un potager qui produit beaucoup de légumes, une carrière ou vous vous sentez réalisé, une relation sentimentale qui vous satisfait, une famille sereine, une compagnie de bons amis, une entreprise très efficace, une équipe qui gagne, une équipe de chercheurs qui fait des découvertes importantes… tout ce que vous voulez.

Si la situation vous satisfait, certainement vous voudrez l'améliorer ultérieurement, l'améliorer autant que possible.
Et pourtant souvent il arrive qu'elle empire, et elle peut empirer jusqu'à se détruire. Pourquoi?

**Comment il arrive qu'une situation meure
même si nous voulons qu'elle vive et qu'elle se développe?**

Certainement, il existe l'influence des circonstances externes, mais il y a une partie, souvent trés grande, qui depend de nous.

Il est trés important de la connaître et d'en comprendre le fonctionnement.

En effet, à la différence des circonstances externes, elle peut être soumise à la volonté, pourvu qu'on en a la connaissance et la conscience.
Pour approfondire tout cela, d'autres questions sont nécessaires.

*De quelle façon ce résultat que je voudrais conserver et développer, a été construit?*
*Qu'est-ce qui lui a donné vie et le maintient encore en vie?*

Si je réponds à ces questions je sais répondre aussi aux questions initiales, parce qu'il est évident que si je cesse de nourrir ce résultat avec ce qui l'a crée et le fait vivre, certainement il commencera à se dégrader. J'ai seulement un certain temps pour reprendre à le nourrir et, si je ne le fais pas, il mourra.
C'est comme un organisme qui, sans nourriture, avant tout consomme ses réserves, ensuite il s'affaiblit et enfin il meurt.

C'est tellement évident que cela semble banal.
Dans la cheminée, après avoir allumé le feu, si je ne mets plus de bois dans le feu, la flamme diminue jusqu'à s'éteindre.
Le potager, aprés l'avoir réalisé, si je ne continue pas à avoir soin de lui, et à le nettoyer, se remplira de mauvaises herbes, il ne donnera plus de légumes et deviendra indiscernable de tout autre terrain inculte.
La maison, après l'avoir nettoyée, même si je ne la salis pas parce que je vais en vacances, au retour je la trouverai pleine de poussière.
Les dépenses, sans une discipline et des stratégies orientées à les contenir, automatiquement augmenteront.
Les habilités, sans pratique constante, deviendront de moins en moins efficaces.
Les relations, si je ne cultive pas les occasions de plus en plus profondes d'échange, s'affaibliront et l'éloignement se produira.

Nous arrivons à la conclusion que

**chaque situation, abbandonée à elle même, dégrade**

Plus précisément chaque résultat est crée en faisant attention et il commence à se détériorer quand cette attention est destituée.


*Mais pourquoi cette attention est elle si importante?*

Parce que l'attention n'est rien d'autre que le moment initial d'un acte d'amour: c'est le petit principe invisible d'un acte d'amour. En général je peux dire que

**je fais vivre quand je donne de l'amour**
**et je laisse mourir, quand j'ôte l'amour que j'avais donné**

*Pourquoi donc je devrais décider d'ôter l'amour qu'avant j'avais choisi de donner?*

Personne le décide: simplement ça arrive, inconsciemment.
Ça arrive sans volonté, mais pas sans responsabilité. En effet

**ôter l'amour commence en retirant l'attention**

ainsi que donner l'amour avait commencé en la donnant.

Retirer l'attention, à son tour, commence, silencieusement et invisiblement, à partir de petites pensées de séparation qui semblent innocentes, inoffensives, insignifiantes et sans importance.
En revanche elles sont négatives et destructives, parce qu'elles ont la fonction précise de séparer et créer des séparations, des barrières, des fractures et des conflits.

Celle de séparer est une tentation subtile, toujours présente dans l'esprit, et elle est à l'origine des souffrances humaines.
*Diable* dérive du grec *diabolos* et signifie *celui qui divise*.
Quande il réussit, il crée l'enfer. Mais quand la conscience de l'être humain, mû par l'amour, reconstruit l'union, alors l'enfer se dissout et s'évanouit. On comprend donc que

### l'enfer est une illusion de l'esprit

En soi il est privé de réalité, alors que la souffrance que l'illusion provoque est absolument réelle.
En d'autres termes c'est un *piège diabolique*.
Les pensées de séparation commencent toujours avec le mot "moi," et ont le pouvoir de m'éloigner de la valeur que je voulais cultiver. Elles me séparent de ce paradis, auquel j'avais participé. Je l'aimais d'un grand amour, mais maintenant, cet amour s'affaiblit et le paradis, est inévitablement en train de se dissoudre. En effet l'amour,

### soit tu l'alimentes, et il grandit,

en enrichissant tout ce qu'il avait fait vivre,

### soit tu cesses de l'alimenter, et il diminue,

en laissant que ce qu'autrefois il avait vivifié, commence à se désagréger. C'est ainsi pour une loi du fonctionnement de la vie.

### L'amour c'est l'aptitude à créer le mouvement

C'est une force qui, liée à une intention, crée

### le flux de changement perpétuel
### que nous appelons Vie

*Dante Alighieri* parle de *l'amour qui meut le soleil et les autres étoiles.*

De cette façon il nous indique que

## l'amour n'est pas seulement la source de la vie, mais il en est aussi le soutien

L'amour, n'est pas seulement l'énergie qui crée la vie et la fait naître, mais c'est aussi l'énergie qui la soutient et la fait continuer de vivre.

Si vous appliquez l'amour à une possibilité, elle se manifeste dans la réalité et vient au monde, mais si vous l'ôtez, cette vie-là se fane, meurt et disparaît de la réalitè.

**Donner naissance aux possibilités c'est la fonction de l'amour,**

*et nous ne devrions jamais ôter l'amour, si nous ne voulons pas assister à la mort de ce que nous avons mis au monde.*

Une *analogie avec la physique* peut faciliter la compréhension.

*Une force, exercée sur un corps, lui imprime une accélération.*
Si la force est annullée, l'accélération disparaît, et le corps continue à se déplacer par inertie, sans changements.
Le mouvement sera rectiligne uniforme, c'est à dire en ligne droite et vitesse constante. Il continue de cette façon tant qu'une nouvelle force ne survient pas.

*L'amour appliqué à une situation, lui insuffle une nouvelle vie.*
Si nous ôtons l'amour, la nouvelle vie cesse, et cette situation continue d'exister dans la survie qui est l'immuable répétition des schémas du passé, sans aucun renouvellement.
Il continue de cette façon tant qu'un nouvel amour n'arrive pas.

*La belle au bois dormant* est une très belle fable qui exprime, de manière poétique et symbolique, le concept à peine exposé.

*Une princesse est endormie dans le bois, à cause d'un enchantement. Pendant de nombreuses années, autour d'elle la vie s'écoule, les jours se poursuivent, les saisons s'alternent, les oiseaux gazouillent, et les écureils jouent.*

*Elle est couchée, en ignorant cette beauté qui vit autour d'elle.*

C'est le thème de l'être humain qui, plongé dans un sommeil hypnotique, est insensible à la vie, à la beauté et aux possibilités qu'elle contient.

*Mais un jour, l'amour arrive. Il assume l'aspect d'un prince charmant qui voit la belle endormie, il tombe amoureux d'elle et lui donne un baiser. Ce geste délivre la princesse du charme, qui se réveille. Elle se rappelle ses origines royales et elle renaît à la vie. Dans la nouvelle vie, elle reprend sa place dans le monde, unie à son mari et aimée de ses parents et de ses sujets.*
*Et à partir de ce jour-là... ils vivèrent tous heureux.*

En effet, l'amour unit toujours ce qui était auparavant divisé.
La dernière chose à comprendre, et c'est la chose la plus importante, c'est que

**quand nous faisons vivre et grandir
quelque chose à l'extérieur de nous,
nous faisons vivre et grandir aussi
quelque chose à l'intérieur de nous**

Au contraire, quand, en ôtant l'amour, nous laissons mourir quelque chose à l'extérieur de nous, même quelque chose en nous, mourra.

**En faisant vivre nous vivons,
en laissant mourir, nous nous laissons mourir**

En ce qui concerne ce thème de mourir et de laisser mourir, *Marta Medeiros*, une poétesse brésilienne contemporaine, a écrit une trés belle poésie appelée *Il meurt lentement*.

J'en rapporte les vers les plus strictement inhérents à nôtre thème: ils nous rappellent qu'*être en vie exige un effort* et que *l'ardente patience* c'est le chemin qui nous mènera à une vie heureuse.

## *Il meurt lentement*

Il meurt lentement
celui qui devient esclave de l'habitude
refaisant tous les jours les mêmes chemins,
…

Il meurt lentement
celui qui évite la passion
…

celui qui ne prend pas de risques
pour réaliser ses rêves,
…

qui ne trouve pas la grâce en soi.
…

Il meurt lentement celui qui abandonne un projet
avant même de le commencer

...

Evitons la mort à petites doses,
en nous nous souvenant toujours
qu'être vivant requiert un effort
bien plus important que le simple fait de respirer

...

Juste l'ardente patience
mènerà à la réalisation
d'un grand bonheur.

# Chapitre 3

# *La connaissance de soi*

# La connaissance de soi

*Combien est-ce que je me connais?*

Je me connais tant que les choses que je fais sont celles que je veux, et je ne me connais pas tant que les choses que je fais ne sont pas celles que je veux, mais celles qu'il m'arrive de faire.

La question n'est pas abstraite ou philosophique: elle est concrète et directe. Pour répondre il est nécessaire la sincère observation de moi même, de ma vie ainsi que de la manière dans laquelle je me comporte continuellement.
Si je ne me connais pas, je ne connais pas même mes actions et alors il est très difficile qu'elles produisent le résultat voulu. Toutefois, dans ce contexte, nous ne sommes pas intéressés au résultat des actions, mais à leur nature et à leur qualité.
Elles peuvent sûrement nous révéler quelque chose de nous.

*Est-ce que les actions que je produis correspondent à mon but?*
*Est-ce que je suis vraiment en harmonie avec mon être?*
*Est- ce qu'il m'arrive de me repentir de mes actions?*

Certainement, une personne qui se connait, ne se repent pas.
Même si les événements de la vie lui montrent d'avoir produit une mauvaise action, il ne se repent pas parce qu'il a fait ce qu'il retenait juste selon sa compréhension du moment.
Il ne se repentira jamais si chaque fois qu'il fait quelque chose, c'est exactement celle qu'il voulait faire.
Un être humain comme cela, grâce aux erreurs commises, deviendra conscient de ses limites et il pourra les surmonter, parce qu'il ne vivra plus ces deux grands obstacles au changement que sont la sentiment de culpabilité et la justification.

Au contraire, si c'est la situation qui l'amène dans une direction indésirable, elle le pousse à se trahir lui-même et à produire des actions non voulues, alors, sûrement, il aura beaucoup à regretter.

Même ainsi il pourra apprendre des choses importantes.

Avant tout: la maîtrise de soi est une vertu qui encore ne lui appartient pas.

Deuxièmement: même beaucoup d'autres capacités qu'il s'attribue ne peuvent pas lui appartenir complètement, parce que

**sans la maîtrise de soi,
aucune capacité ne peut pleinement exister**

Alors il peut comprendre que toutes les fois qu'il s'est attribué avec sûreté une capacité, il a menti à lui-même.
Et chaque fois qu'il a vécu un échec, il a du inculper les circonstances ou les autres personnes, vu qu'il était sûr de sa capacité.
Et comme ça il a menti pour la deuxième fois.
Le pire c'est qu'il a perdu l'occasion d'apprendre à partir de l'insuccès.

Comme ça, maintenant, il peut se rendre compte que le moment de cesser de mentir est arrivé et qu'il vaut mieux acquérir, d'abord  la connaissance de soi, et puis, la maîtrise de soi.

Une autre leçon qu'il pourrait apprendre est celle de commencer à juger moins les autres.
En effet, si en ne se connaissant pas, il a pu produire des actions qui ne correspondaient pas à ses intentions, cela c'est sûrement arrivé aux autres aussi.

Les ennemis qu'il a rencontrés, les ingrats qui ne l'ont pas échangé, les arrogants qui l'ont humilié, les personnes méchantes qui l'ont blessé, les monstres qui l'ont persécuté... peut-être qu'ils ne sont pas tous cela... peut-être qu'ils sont juste des personnes qui ne se connaissent pas: exactement comme lui!

Et comme ça, le sentiment d'inimitié pourrait être remplacé par un sentiment de compréhension. Pour de nombreuses personnes c'est un chemin difficile qui demande beaucoup de temps et peut être parcouru seulement pas aprés pas. C'est à tout ça que *Jésus* se référe quand il dit: ***Aimez vos ennemis***.

C'est une tâche possible parce que

**les ennemis sont tels
seulement dans les schémas limités
de notre esprit**

**Ce sont des ennemis selon une représentation de la réalité,
construite en nous
à partir d'hypothèses, de catégories et de définitions
auxquelles nous avons choisi de croire
ou auxquelles nous avons été eduqués à croire**

Et alors,  avec plus de précision, nous pouvons conclure que

**les ennemis naissent, existent et vivent,
dans un système de croyances**

Pour comprendre qu'est-ce que c'est et comment se construit un système de croyances, il est nécessaire d'examiner certains aspects du fonctionnement de l'esprit humain.

*L'être humain  se rapporte avec le monde à travers les sens.*
Grâce à eux, il reçoit  les informations de ce qui l'environne.
L'esprit décode les données sensorielles, les traite et les utilise pour construire une *représentation de la réalité.*
Il s'agit d'une interprétation, *une hypothèse sur la nature de la réalité qui ne peut pas, en aucun cas, être considérée comme la réalité elle-même.*

Beaucoup d'êtres humains ne tiennent aucun compte de cette distinction, subtile mais importante. Ils croient dans ce qu'ils voient, et seulement dans cela. Ils ne se rendent pas compte que tout le monde voit ce que son esprit est programmé et est disposé à voir. Personne ne verra jamais quelque chose qu'il ne peut pas concevoir: il la gardera, mais il ne la verra pas ou, même en la regardant attentivement, il verra autre chose. Simplement dit:

**nous voyons des choses que d'autres ne voient pas
et nous ne voyons pas des choses que d'autres voient trés bien**

Il est trés facile ensuite de démonter la présomption de l'objectivité de l'esprit humain. Il suffit d'observer qu'il y a une seule réalité, mais les interprétations que les êtres humains en donnent sont innombrables. Il s'ensuit que ce sont toutes des interprétations incomplètes et subjectives.

A ce point, il est nécessaire d'introduire la **distinction entre connaissance et croyance.**

**Une connaissance est une hypothèse retenue vraie, parce que vérifiée.**

Il s'agit d'une connaissance subjective.
En effet, c'est le sujet qui exécute la vérification et en décide l'issue, et c'est lui qui a choisi ce que signifie le mot vérification.

Quoiqu'elle en soit, la vérification est importante parce que c'est une action concrète qui est liée à la réalité et à la vie, et contient toujours une expérience. Les vérifications sont réellement importantes pour celui qui les produit puisque, grâce à elles il grandit, il évolue et il développe des capacités et des potentialités. Malgré cela, les connaissances qu'il obtient ne peuvent qu'être subjectives.

*Digression en ce qui concerne la pensée scientifique.*
Alors que les humains se rencontrent, la subjectivité de leurs connaissances rend difficile la compréhension réciproque. Il y a peu de références et il n'y a pas un langage commun. Règne une *confusion des langues* qui dépend des différentes interprétations qu'ils donnent de la réalité. Cette incommunicabilité provoque des difficultés dans la vie en commun. Cela a poussé l'être humain à chercher une méthode pour obtenir des connaissances que l'on pourrait partager, de manière à en permettre le dialogue, le compréhension et la collaboration. De cette façon fut inventée la méthode scientifique. Cette méthode fonctionne trés bien et elle atteint souvent les buts pour lesquels elle a été pensée.
En particulier, elle permet de partager certaines connaissances, mais, en échange, elle paye un prix trés élevé, qui est celui de réduire le champs d'investigation à une classe de phénomènes de dimensions plus petite: le phénomènes qui peuvent être répetés et reproduits. Malheureusement, ils sont une toute petite part de la vie, et comme ça, l'amour, la beauté, l'art, la créativité, la joie, la paix, la vision, le mystére... restent, par définition, hors du domaine de la science. Même la cosmologie, qui est l'étude de l'univers et utilise les connaissances scientifiques existantes, n'est pas une science, parce que la naissance et l'évolution de l'univers ne sont pas reproductibles. Pas même la psychologie, la médecine, l'économie, et beaucoup d'autres activités humaines, peuvent se définir sciences. La méthode scientifique, donc, peut explorer seulement un très petit fragment de la vie.

En réalité, la physique, au début du vingtième siècle, a été profondément ébranlée dans ses fondements, et depuis ce temps, elle a incessamment essayé d'inventer des méthodes et des conceptions qui l'approchent à la vie, tant qu'elle a fini par reconnaître à la conscience un rôle fondamental dans la construction de la réalité.

De toute façon, la présente digression était nécessaire à rappeler que, pour la pluspart des phénomènes de la vie, il est encore possible seulement une connaissance subjective.

Abandonnons, maintenant, le petit monde de la science, et retournons à l'immense monde de la vie, pour continuer avec la distinction entre connaissance et croyance.

## Une croyance est une hypothèse retenue vraie sans aucune vérification

La croyance n'est absolument pas, une connaissance, elle n'est pas liée à la réalité et elle n'implique aucune expérience. Les causes qui produisent les croyances sont différentes et elles sont toutes liées aux mauvais fonctionnements de l'esprit humain comme la superficialité, l'approximation, la paresse mentale, la tendance au préjudice, à l'illusion… etc.

Mais il existe une cause très répendue, qui est la cause la plus importante, parce qu'elle a un rôle fondamental dans l'existence humaine: *la peur*.

La peur est un état de grande détresse intérieure, pour échapper à laquelle, l'esprit humain s'adresse à l'extérieur.

Plus précisement elle détourne l'attention de l'intérieur et l'adresse à l'extérieur, en projetant la peur aux personnes, aux évènements et aux situations.

Cette projection s'exprime dans les jugements et dans les pensées de négation et d'opposition que l'esprit utilse comme si elles étaient des armes.

Il est facile de reconnaître que

**de nombreuses croyances ne sont rien d'autre
que des peurs masquées en  certitudes**

En semplifiant énormément, certainement de maniére inexacte, mais absolument efficace, nous pouvons affirmer que:

$$connaissance = amour$$
$$croyance = peur$$

Pour être complète, cette simplification doit inclure une deuxième égalité:

$$amour = ouverture$$
$$peur = fermeture$$

Il est nécessaire un bref signe à deux modalités importantes avec lesquelles l'esprit élabore les contenus de la mémoire: nous les appellerons **association** et **répétition**.
Grâce à l'association, l'esprit collectionne les données et les lie; à travers la répétition elle renforce l'assemblage créé qui, de cette façon, devient plus stable et se consolide.

Les connaissances et les croyances sont elles aussi des données contenues dans la mémoire et comme telles sont  traitées. A travers l'association, beaucoup de connaisances sont assemblées, dans un ensemble de connaissances qui, grâce à des associations successives, peut beaucoup s'étendre. Celui-ci, une fois qu'il a étè consolidé grâce à la répétition, il devient un ensemble bien organisé, capable d'un fonctionnement organique.

A ce point-là il mérite d'être appelé **système de connaissances.**
Même les croyances, de la même façon, peuvent s'assembler pour donner lieu à un **système de croyances.**

**La tâche d'un système est celle d'organiser les données.**

Un système de connaissances, ou de croyances, est capable d'arranger et d'encadrer un grande nombre de faits et donc il peut fonctionner de manière étendue, en interprétant un segment très élevé de la réalité.

**Toutefois, les systèmes de croyances et les les systèmes de connaissances, semblables dans la façon d'agir et peu discernables à la surface, sont absolument différents dans la profondeur du sens et dans les résultats qu'ils produisent.**

Un système de connaissances est un monde ouvert.
Un système de croyances est un monde fermé.

Un système de connaissances veut se répandre et, quand il rencontre *l'inconnu*, désire le comprendre et l'inclure, parce qu'il voit en lui une possibilité.
Un système de croyances veut rester inchangé et, quand il rencontre *l'inconnu*, désire l'exclure parce-qu'il voit en lui une menace.

Un système de connaissances veut connaître de plus en plus.
Un système de croyances sait déjà tout.

Un système de connaissances tend vers l'évolution.
Un système de croyances tend vers l'involution.

Un système de connaissances est animé par l'amour et se répand dans la lumière de la connaissance.
Un système de croyances est bloqué par la peur et se consomme dans l'obscurité de l'ignorance.

## Rencontre de systèmes de connaissances

Quand un système de connaissances s'approche d'un autre système de connassiances il y a une rencontre. Celle-ci peut contenir des malentendus et des conflits, mais aucun des deux systémes se sentira refusé par l'autre, au contraire, en reconnaissant dans l'autre système une possibilité de développement, il se sentira affirmé et confirmé.
Comme cela, animés par le désir de connaître et capables de médiation, ils arriveront à se fondre dans un unique, et plus étendu, système de connaissances.
Il sera caractérisé par des connaissances qui vont au delà de la somme de celle de deux systèmes et il vivra une nouvelle vie qui dépasse chacun des deux.


## Divergence des systèmes de croyances

Tandis qu'un système de croyances s'approche d'un autre système de croyances il y a une divergence.
Chaque système de croyances se considère une réalité solide, nécessaire et irréfutable.
Pour cette raison  il voit dans l'autre sa propre négation.
Comme ça, en se sentant menacés dans leur survivance, ils iraient jusqu'à combattre une guerre sans quartier, ni fin, jusqu'à la totale destruction de l'un ou de l'autre.

Dans un système de connaissances, il y a un terrain d'amour où les graines de l'amitié peuvent prendre, comme ça on verra des *amis apparaître partout*.

Dans un système de croyances il existe un terrain de peur où les grains de l'inimitié peuvent prendre, comme ça on verra les *ennemis apparaître partout.*

**Système de connaissances et système de croyances: rencontre ou divergence?**

Examinons le cas où un système de connaissances et un système de croyances entrent en contact. *Qu'est-ce qu'il arrivera?*

Le premier voit dans le deuxième une possibilité, le deuxième verra dans le premier un ennemi. C'est exactement ce qu'on doit s'attendre selon leurs caractéristiques. Mais tous les deux se rendront compte d'être en face d'une tâche vraiment difficile.

*Le système de croyances* pensera que la guerre est très dure et difficile à gagner, parce que l'ennemi est mystérieux et il se déplace selon des logiques incompréhensibles et des modalités imprévisibles.

*Le système de connaissances* pensera que construire la rencontre est très difficile parce que l'autre ne conçoit aucune possibilité de contact et il détruit continuellement celles qui lui sont offertes.

Avec une énergie renouvelée, le système de connaissances continuera de chercher la rencontre, pendant que le système de croyances continuera d'essayer de déclencher la guerre. Il n'y aura pas de rencontre et la divergence sera toujours possible.

*Il n'y a aucune solution sinon dans une transformation.*

C'est la tâche du système de connaissances d'entreprendre la tranformation. En effet, parmi les deux systèmes c'est le seul qui peut comprendre l'autre et de toute façon c'est toujours le plus grand qui contient le plus petit.
Il commencera donc par lui-même, en apprenant à éviter continuellement la guerre et en cultivant, en même temps, l'aspiration à la paix.

Cet idéal l'amènera à s'interroger sur les causes de la guerre et sur les raisons qui empêchent la paix. Il essayera de cette façon de comprendre le système de croyances, sa pespective et la réalité qu'il vit et où il se déplace. Cela le mènera à croître dans la compréhension et dans la compassion jusqu'à ce que s'épanouira en lui l'idée du bien commun. Cette idée peut se perfectionner, et devenir si grande et puissante, à inclure dans le bien commun même celui qui se comporte comme un ennemi.

Des lors les stratégies seront orientées outre à conserver la paix, même à ouvrir les portes de la communication. Cela peut être le principe de la rencontre, de l'échange et de la compréhension réciproque. En faisant tout cela,

**le système de connaissance
devient même un système de pacification**

Le système de connaissances, avec sa propre tranformation et évolution, rend possible même celle du système de croyances.

C'est un argument avancé, très étendu, délicat et vraiment important pour la vie de l'humanité, parce que il est lié à la nature de la paix. On ne peut pas s'en occuper maintenant.

J'ai affronté ce sujet dans un autre livre appelé *Le stratège*, appartenant, comme le présent, à la collection *Statale34*. J'en suggère la lecture à ceux qui désirent l'approfondir. Ici nous nous limitons à observer que Jésus affirme (Matthieu 5,9):

**heureux les pacifistes
car ils seront appelés les enfants de Dieu,**

en nous indiquant que la pacification est un passage indispensable le long du chemin de l'évolution qui amène de la multiplicité à l'unité.

Je ne voudrais pas terminer ces considérations concernant les sujets de connaissance et de croyance, sans poser deux questions qui me semblent très importantes.

Notre tradition affirme que *l'histoire enseigne la vie*.
*Historia magistra vitae* dit *Cicéron* dans le *De Oratore*.
Et cependant, en examinant l'histoire de l'humanité à chaque époque et sous toutes les latitudes, il semble difficile de reussir à trouver des enseignements profonds qui concernent la vie.

Quand ces enseignements existent, ils découlent des recherches et du vécu de personnes élevées, souvent trés solitaires et méditatives, et ils n'émergent pas certainement des comportement collectifs de l'humanité.

Au contraire, il existe un élément, et je dirais un seul, qui est présent de maniére absolument constante dans l'histoire de l'humanité, dans toutes les époques et dans tous les lieux, en revêtant toujours un rôle important dans les affaires humaines.

C'est l'élément clé qui établit les temps, les rythmes, qui détermine les scénarios, crée les flux et les mouvements, il amorce les transformations et il se révèle le protagoniste absolu de l'histoire humaine.

**Cet élément
toujours présent partout,
sans exceptions,
c'est la guerre**

L'étude de l'histoire a mené à attribuer l'apparition des guerres aux causes les plus disparates et désespérées: les injustices sociales, la pauvreté, les disettes, les migrations, le racisme, l'épuisement, le désir de conquête… etc.

54

Parmi les causes, celle économique a été considérée la plus importante, parce que l'économie, règle la possession, le mouvement et la distribution des ressources, des biens et des richesses, comprise la nourriture.
*La guerre serait toujours la lutte pour s'approprier de quelque chose.*

Tout cela est juste, mais cela ne suffit pas.
Les guerres sont innombrables, très différentes pour la durée, la modalité, l'extention, les concourrents, les territoires, les populations mêlées, les quantités et les qualités des armes utilisées… etc.
Elles sont souvent inutilement cruelles, quelque fois insensées, toujours completement inutiles.
Elles détruisent tout et elles font souffrir quiconque y compris les vainqueurs.

Souvent elles ont comme prétexte des motivations idéales, comme la justice et l'égalité, quelquefois elles partent d'événements insignifiants, d'autres fois elles ont le but de construire la paix,  d'autres fois encore elles sont déchaînées et combattues au nom et pour le vouloir de Dieu.

Les explications des historiens sont valables mais incomplètes, parce qu'elles n'expliquent pas cette immense variété et surtout, elles laissent sans réponse la question fondamentale:

### quelle est la cause profonde des guerres?

*Combien doit être grande l'ignorance que nous hommes avons de nous-mêmes, s'il est vrai que pendant ces milliers d'années de civilisation, même en étant énormement dotés d'intelligence, de créativité et de volonté, nous n'avons pas réussi à donner une réponse à cet interrogatif!*

Pour cette raison il n'a pas eté possible, jusqu'à présent,

**de sortir définitivement
de la guerre et de la violence**

Et ici les questions que je voudrais suggérer sont les suivantes:

*Est ce-que la guerre est toujours, dans son noyau essentiel et profond, une collision de systèmes de croyances?*

*Est ce-que chaque violence, grande ou petite, individuelle ou collective, naît toujours d'un système de croyances?*

Ce ne sont pas des questions insensées vu que

**les systèmes de croyances naîssent quand l'être humain,
possédé par la peur, renonce à sa propre intelligence
et préfère croire plutôt que vérifier**

Quand l'être humain fait ça, il devient victime d'une ignorance imprégnée de peur qui, cultivée et reconfirmée, amplifie outre mesure soit la peur, soit l'ignorance. Comme ça,

**l'être humain,
au lieu de vivre,
combat**

Equation incontroversable:

**peur + ignorance = violence            ---- > guerre**

et, réciproquement:

**amour + connaissance = tolérance        ---- > paix**

56

*Mais, enfin, que veut exactement un système de croyances?*

Le concept que les guerres sont combattues pour affirmer la possession de quelque chose est certainement exact, mais que ce quelque chose soit de nature exclusivement materielle est limitatif et d'une certaine façon, trompeur.

Il est vrai que la guerre vise à la possession de territoires, de biens, et de richesses, mais cela c'est seulement l'aspect superficiel et visible. Elle est la conséquence de la volonté de possession de quelque chose de plus subtil, de plus important, quelque chose qui est en même temps plus profond et plus élevé.

Juste cette *possession du plus profond et du plus élevé* constitue l'objet de la guerre parmi les systèmes de croyances. En effet,

**un système de croyances affirme
la propre possession de la Vérité**

Un système de croyances considère que la propre représentation de la réalité est la vérité: la seule  unique et absolue Vérité.

Il prétend alors, par les autres, la reconnaissance totale de cette Vérité et il considère ennemis ceux qui ne le lui offrent pas spontanément.

Etant donné que la Vérité doit tojours prévaloir, il considère que

**les ennemis
doivent être
combattus, vaincus et soumis**

Un système de croyances, en se considérant possesseur de la Vérité, s'attribue le monopole des représentations de la réalité.

Pour cela, dans les faits et dans la substance,

**un système de croyances
affirme sa propre domination sur la réalité**

Si nous nous rappelons que domination dérive du terme latin *Dominus*, et que Dominus signifie Seigneur, nous comprenons que

**un système de croyances
se croit *Le Seigneur du monde*
et il prétend que cette vérité soit reconnue partout**

Voilà pourquoi deux systèmes de croyances ne peuvent absolument pas se tolérer réciproquement: *le pouvoir absolu peut appartenir à une seule personne et il ne peut pas y avoir deux Seigneurs au monde.*

Retournons à la dimension individuelle.

*Est-il possible de transformer nos systèmes de croyances en systèmes de connaissances?*

Oui, c'est possible. Il s'agit de parcourir le chemin de la connaissance de soi, de la purification de soi et de la réalisation de soi. En Orient, on exprime tout ça en disant: *connais toi-toi même, purifie-toi et réalise-toi.*

D'abord il faut comprendre que, dans la psyché humaine, des systèmes de connaissances et des systèmes de croyances coexistent souvent. S'il y avait seulement des systèmes de connaissances, l'être humain n'aurait pas d'aspects obscurs dans sa personnalité et non plus d'ennemis dans la vie. Si ce n'est pas comme cela, il devient très important que l'homme purifie sa propre personnalité, en transformant les systèmes de croyances en systèmes de connaissances, et en amenant la paix dans sa propre vie. Pour le faire, il doit nettoyer son système de croyances de la partie obscure qu'il contient. Cette partie est composée de mensonges, d'égoïsme, de destructivité, de violence… mais le noyau essentiel, d'où tout prend origine, c'est la peur.
En effet, c'est la peur qui, si elle se projette à l'extérieur, est une violence envers les autres; si elle reste à l'intérieur, devient une violence envers soi même.
Une chose n'est pas meilleure que l'autre et toutes les deux nous montrent que la peur est incompatible avec la paix. Pour cette raison

**le passage de la peur à l'amour
est la clef de la paix**

C'est parce que *l'amour est le contraire de la peur* et il en est aussi la guérison totale.

En effet, la peur ne peut pas coexister avec l'amour. Quand l'amour arrive, la peur disparait comme l'obscurité disparait quand la lumière arrive. Pour cette raison,



**aimer ses propre ennemis
est le chemin pour la connaissance de soi,
la purification de soi et la réalisation de soi**

***Veux-tu savoir combien tu te connais?***
*Regarde combien d'ennemis tu as:*
chaque ennemi est une partie de toi que tu ne connais pas et qui t'est obscure.
*Regarde combien de ceritudes tu as:*
ce sont les peurs qui dominent ta vie et d'où naissenent les ennemis, les conflts et les souffrances.
*Regarde combien ton interprétation de la vie est imprégnée des choses que tu désapprouves:*
elles correspondent à des parties de toi que tu n'acceptes pas.
Tu les caches et tu les rends invisibles à travers ton système de croyances: de cette façon tu ne te donnes pas la chance de les connaître.
Si tu les connaissais tu les accepterais, si tu les acceptais, tu les aimerais, si tu les aimais, tu t'aimerais.

**Chaque croyance qui se tranforme en une connaissance
est un ennemi qui disparait**

Chaque ennemi qui disparait est une étape dans la connaissance et dans la purification de soi, une étape vers la claireté, la lumière et la conscience. Chaque action ou mot dans la lumière est douce et elle ne provoque pas la guerre. En effet, Jésus dit (Matthieu 5,37):

**que votre parole soit oui, oui, non, non;
ce qu'on y ajoute vient du malin**

60

C'est un parfait éloge de la claireté et de l'**Essentialité.**
Seulement un homme dont la personnalité est purifiée parle de manière essentielle. Il n'a pas de parties obscures en lui, il ne voit pas d'ennemis et il prononce juste des mots neutres qui ne causent pas la guerre. En effet

### le malin est notre partie obscure

Il est malin parce qu'il met dans nos mots une signification en plus qui, privée de neutralité et criblée d'émotions négatives, stimule la réaction des autres et fait naître le conflit.
Un système de croyances ne peut pas être dépassé tant que toute la peur qu'il contient s'est dissoute.
Pour faire cela je dois prendre, une par une, chaque petite croyance, même si apparemment insignifiante, et la nettoyer.
Et étant donné que c'est la peur qui l'avait salie, pour la nettoyer il faut un acte de courage qui est une expression de l'amour.
Cet acte consiste à me détacher du seul vieux point de vue, avec lequel je m'identifie et qui m'emprisonne, et à accueillir d'autres points de vue, de nombreux points de vue, on les vérifiant toujours.
J'étends aussi mes points de vue; alors que toute la représentation fondée sur la peur s'écroule et

**chaque croyance est remplacée par une connaissance
capable d'inclure
ce que la croyance avait exclut avant**

Si je fais ça,
**mon monde s'agrandit
et l'ennemi qui devait être detesté et combattu avant,
maintenant devient mon semblable**

et alors je peux le rencontrer et le comprendre.

Après que la divergence est devenue rencontre, nous pouvons arriver jusqu'au point d'être amis.

Voilà comment j'ai réussi à aimer mes ennemis ou, plus *précisément, mes ex-ennemis.*

Et pourtant rien n'a changé: ils n'ont pas changé, la situation n'a pas changé, le monde et les événements n'ont pas changé.

Ce qui a changé c'est que

**mon systéme de croyances
est devenu un systéme de connaissances**

*Aimer ses propres ennemis* n'est pas donc un acte de bonté et de générosité, ni un comportement louable mais facultatif.
En revanche, c'est une étape indispensable dans la connaissance de soi.
C'est un acte de suprême intelligence qui produit la libération de l'homme, le  réveil de la conscience et le développement de l'être.

Toutefois ce n'est pas une action volontaire qu'on fait avec la force, mais un processus qui se gagne instant après instant.
Il commence par une connaissance, il continue avec un choix et, ensuite, avec des actions cultivées dans le temps avec effort, patience et persévérance. Enfin on atteint une nouvelle compréhension. En un mot: c'est un processus évolutif.

Nous pouvons donc paraphraser les mots de Jésus de la façon suivante:

**aimez vos ennemis
parce que, en faisant comme cela, vous atteindrez la paix,
votre être s'étend, la vie acquiert de la valeur
et vous devenez plus heureux**

Et voilà qu'*aimer ses ennemis* ne semble plus l'expression d'un altruisme irréalisable, fanatique et insensé, mais il devient la conséquence logique d'un égoïsme sage, intelligent et éclairé.

Plus précisément

**aimer ses ennemis**
**est l'union parfaite d'altruisme et égoïsme**
**parce qu'elle prive de signification,**
**les distinctions qui produisent ces deux contraires**

Le développement de la conscience et la croissance de l'être arrive toujours comme ça:

**deux contraires inconciliables**
**s'unissent et s'annullent réciproquement**

*La conscience accède à un niveau plus élevé de l'être où il y a plus de compréhension, de liberté, de paix et d'amour.*

*La polarité, en se dissolvant, dégage l'énergie qu'elle contenait et la concience peut l'utiliser pour créer de nouvelles réalités qui avant étaient inconcevables.*

Il est important de comprendre que le concept de polarité a une valeur générale.

La polarité est une situation où il y a seulement deux  conditions qui s'excluent réciproquement.

Dans un certain instant, se réalise l'une ou l'autre, jamais toutes les deux en même temps, et jamais une troisième.

La polarité conserve toujours elle-même. Elle produit, comme un pendule, l'oscillation continue d'un pôle à l'autre, mais jamais le changement de toute la situation.

Afin que le changement puisse arriver, il faut une aide qui vienne de l'extérieur, il faut le soutien d'une force externe.

Il est important de comprendre que le maintien de la polarité, grâce à son oscillation continue, demande l'emploi de très grandes quantités d'énergie qui restent emprisonnées, bloquées et bouchées dans cette condition.

Dissoudre la polarité signifie libérer l'énergie qu'elle contient et la rendre disponible.

Ensuite, elle peut être utilisée d'une nouvelle façon.

Le meilleur mot pour désigner tout cela est *la créativité* ou, d'un autre point de vue, *le miracle*.

Ce thème a été affronté plusieurs fois par Jésus,
Nous le trouvons rapporté dans tous les évangiles, mais de manière très explicite, dans l'évangile selon Thomas.


### *Évangile selon Thomas  v.22*

...
Si de deux vous faites un,
que vous fassiez le dedans comme le dehors,
le dehors comme le dedans,
le dessus comme le dessous,
en sorte que vous fassiez de l'homme et de la femme
un seul être,
si bien que l'homme ne soit pas homme
et que la femme ne soit pas femme,
si vous faites des yeux au lieu d'un oil

...

alors vous entrerez dans le Royaume.

64

*Évangile selon Thomas  v.48*

…

Si deux font la paix
entre eux dans cette même maison,
ils diront à la montagne: déplace-toi
et elle se déplacera.

*Évangile selon Thomas  v.49*

…

Heureux les solitaires et les élus,
car vous trouverez le Royaume,
car vous êtes issus de lui,
et c'est là que vous retournerez.

*Évangile selon Thomas  v.61*

…

quand il sera égal,
il sera plein de lumière,
mais quand il sera divisé,
il sera plein d'obscurité

*Évangile selon Thomas   v.105*

…

Si de deux vous faites un,
vous deviendrez Fils de l'Homme,
et si vous dites: montagne, déplace-toi,
elle se déplacera.

Un bon exemple de polarité qui nous est donné par la physique et concerne les particules subatomiques.
Pour chaque particule correspond une anti-particule.
Par exemple à l'électron correspond l'antiélectron.

Quand une particule et son anti-particule se rencontrent, elles se détruisent et leurs masses sont transformées totalement en énergie. Cet évènement s'appelle **annihilation** qui signifie *destruction totale*, disparition totale. Dans l'annihilation l'énergie se dégage sous forme de photons. *Photon* signifie *lumière*.

Si nous appelons *couple polaire* l'ensemble d'une particule et de son antiparticule, tout s'exprime en disant que l'annihilation est la destruction d'un couple polaire à laquelle s'accompagne l'émission de la lumière.

En réalité, il s'agit d'une explication simplifiée. En effet, s'il y a assez d'énergie, outre les photons peuvent se produire d'autres couples polaires qui, à leur tour, peuvent s'annihiler en émettant d'autres photons. Rentrer dans ces détails rendrait notre discours plutôt difficile sans ajouter des éléments importants.

Il nous suffit d'observer que *les couples polaires peuvent se transformer en lumière et la lumière peut se transformer en couple polaire réciproquement.*

Tout cela concerne chaque genre de polarité et a une valeur générale qui, au dela de l'exemple des particules élémentaires, peut être exprimée comme ça

**quand la polarité se dissoud, la lumière apparait;**
**quand la lumière disparait, la polarité nait**

Ainsi que la polarité des particules cause les processus de destruction et de création de la matière, de la même façon, tout autre genre de polarité cause des processus de destruction et de création propres du contexte où elle se manifeste.

Par exemple, une forme de polarité c'est la guerre et, plus en général, le conflit. Ça n'a aucune importance s'il s'agit de guerre militaire, commerciale, politique, de religion ou s'il s'agit de conflit intérieur, psychologique ou sociale.
Ce qui compte c'est qu'il s'agit toujours de polarité.

*Dans la polarité du conflit, la lumière que représente t-elle?*

Dès l'antiquité la lumière était le symbole de la conscience et il n'est pas difficile de voir combien cette intuition soit juste.
En effet, le dépassement du conflit arrive grâce à l'acquisition d'une nouvelle compréhension qui nait de la fusion de la connaissaice et de l'amour.

À cette compréhension correspond un état plus élevé de conscience.
Au contraire, à la perte de conscience s'ajoute la naissance de la peur et la diffusion et la suprématie de l'ignorance.
A celles-ci s'ensuit la naissance de nouveaux conflits.

Maintenant nous pouvons exprimer, par rapport au conflit et à la conscience, tout ce que nous avons déjà dit concernant la polarité et la lumière:

**quand le conflit se dissoud
la conscience apparait;
quand la conscience disparait
nait le conflit**

*La lumiére dans la création*

En ce qui concerne le processus de la création, il peut être intéressant de renvoyer à quelques versets du prologue de l'***Évangile selon Jean***:

*Au commencement était la Parole,*
*et la Parole était avec Dieu,*
*et la Parole était Dieu.*
*Elle était au commencement avec Dieu.*
*Toutes choses ont été faites par elle,*
*et rien de ce qui a été fait n'a été fait sans elle.*
*En elle était la vie,*
*et la vie était la lumière des hommes.*
*La lumière luit dans les ténèbres...*
*Cette lumière était la véritable lumière,*
*qui, en venant dans le monde,*
*éclaire tout homme.*

Il est clairement dit que tout ce qui existe était *la parole* et que la parole c'est la lumière des hommes, la lumière qui brille dans les ténèbres, la vraie lumière qui illumine tous les hommes.
Pourtant

**tout est crée grâce à la lumière**

La physique moderne affirme que l'espace vide est riche en potentiel, et que la réalité est créée et se manifeste, quand le potentiel se réalise.
En suite elle affirme que le potentiel ne se réalise qu'après l'observation.
La conscience joue un rôle central pour que le potentiel se cristallise et se manifeste sous forme de réalité.

C'est donc la conscience qui crée la réalité.

Si on se rappelle que la conscience c'est la lumière, alors *le cercle de la compréhension se ferme et tout se joint parfaitement.*

La sagesse ancienne et la science moderne se ressemblent de plus en plus, alors que les quelques véritables grands scientifiques ressemblent de plus en plus aux grands mystiques visionnaires du passé.

Je crois qu'il s'agit d'une splendide réalité qui nous amènera à voir, dans l'avenir, la convergence de la science et de la sagesse.

# Chapitre 4

# *La plénitude et le manque*

# La plénitude
# et le manque

L'homme pense souvent en termes de manque car, au lieu de valoriser ce qu'**il a**, il souligne ce qu'**il n'a pas**.
Cela le conduit avant vers l'illusion, et après vers la désillusion.
En effet, il est clair que

**avec ce qu'on n'a pas, on ne peut rien faire**
**tandis que**
**avec ce qu'on a, on peut faire beaucoup de choses**

Pour cette raison, *ce qu'on a* est le point de départ de chaque ***projet sain et de vie réelle***.
Juste pour attirer l'attention sur l'importance de ce que nous avons, Jesùs narra la parabole des talents. Les ***talents*** étaient des monnaies et elles ***représentent ce qui a de la valeur***, indépendamment qu'il s'agisse de biens matériels ou spirituels.
Ils se refèrent, donc, pas seulement à ce que nous avons, mais aussi à ce que nous sommes.

Ce que Jésus nous offre est un enseignement sur l'importance de

**mettre à profit**
**notre avoir et notre être**

Voilà ce qu'il dit en synthèse:

*Un homme sur le point de partir confia ses propres talents à ses esclaves, en quantité différente selon les capacités de chacun.*

*Au retour il demanda le bilan des talents qu'il avait confiés.*
*Celui qui en avait reçu cinq, les avait investis et il en avait gagné encore cinq, celui qui en avait reçu deux, en avait gagné encore deux, le dernier qui avait reçu un seul talent, pris par la peur de le perdre, l'avait enterré.*
*Le maître loua de la même façon les deux premiers qui avaient doublé ce qu'ils avaient reçu, mais il reprocha durement le serveur qui, par crainte, n'avat pas mis à profit son propre talent. Il le lui ôta et il le donna à celui qui en avait dix.*

La parabole termine avec cette phrase: ***"… à qui a, tout lui sera donné et il sera dans l'abondance, mais à qui n'a pas lui sera ôté même ce qu'il a"***. (Mathieu 25,29)

Bien qu'elle puisse résulter obscure comme première lecture, il dit simplement que celui qui reconnait ses talents et les met à profit, verra les fruits se mutiplier, même d'une façon inattendue.

En revanche, qui, par peur, ***les cache et se cache***, perdra non seulement le fruit, mais aussi les mêmes talents.

Il s'applique indifféremment aux capacitès personnelles et aux biens materiels. En effet, quelque soit la capacité, si elle est utilisée et pratiquée, elle augmente et s'enrichit; si elle est inutilisée, elle s'appauvrit et elle s'atrophie.
La théorie de l'évolution dit: *si tu ne l'utilises pas, tu la perds.*
Même la richesse matérielle doit être réinvestie dans le but de maintenir et d'augmenter sa valeur.
Chaque théorie économique dit: *si tu ne l'investis pas tu t'apauvris.*
Ce qu'un homme voit, en observant n'importe quel événement, dépend de la façon avec laquelle il l'interprète, c'est à dire de l'attitude avec laquelle il s'approche de lui et le lit.

Deux attitudes opposées de la lecture de la vie sont *le sens de plénitude et le sens du manque*.
Nous les appellerons synthétiquement *plénitude* et *manque* et nous essayerons d'en donner une définition.

**La plénitude** *c'est l'attitude de penser à ce qui existe et est disponible.*
**Le manque** *c'est l'attitude de penser à ce qui n'exsiste pas et qui manque.*

*La plénitude* est une attitude vitale: elle accueille la vie qui existe et elle l'utilise pour créer une autre vie.
*Le manque* est une attitude non vitale: elle accueille la vie qui existe et elle la consomme.

Un rêve, créé dans la plénitude, est vif et devient tout de suite un but, ou bien, un projet.
Un rêve, élaboré dans le manque, est sans vie et il reste un rêve stérile.

Comme cela se crée un film, le film du manque, qui commencera automatiquement chaque fois que le sujet n'est pas à son aise.

Plongé dans la vision du film, il échangera le film avec la réalité, sans réussir à voir les réelles opportunités que la vie lui offre.

Et comme cela le manque sera continuellement reconfirmé. En substance, ce qu'un rêve produit dépend de l'attitude du rêveur:

**le manque transforme le rêve en besoin,
la plénitude le transforme en objectif**

Et voici le langage précis, élaboré par *G.I. Gurdjieff* dans son système *La quatrième voie*, il nous offre une aide valable.

Il nous permet de nous exprimer d'une façon extrêmement synthétique en affirmant que

**le manque est la modalité opérative
du centre de gravité,
la plénitude est la modalité opérative
du centre magnétique**

En effet, *le centre de gravité s'occupe des besoins, le centre magnétique s'occupe des objectifs.*

*Gravité* signifie pesanteur, et donc fatigue, obstacle, bloc et impossibilité.
La pesanteur c'est la difficulté du sujet à s'abandonner.
C'est l'écluse qui le mêne à s'écrouler sur lui même sous le poids de ses propres limites, de ses propres besoins et de conditionnements dont il est incapable de se libérer.

*Magnétisme* signifie attraction, capacité d'attirer ou d'être attirés et donc, mouvement, possibilité et vie.
C'est l'ouverture du sujet en voyant la possibilité en dehors de son propre petit monde, et la capacité de faire le choix courageux de se diriger vers elle.
C'est la disponibilité de se diriger vers quelque chose à laquelle on attribue une valeur et par laquelle on se sent attirés et, en même temps, la capacité d'attirer les forces qui peuvent aider à cultiver cette possibilité.

Pourtant la gravité est la séparation et la solitude; le magnétisme c'est le co-partage e l'aggrégation.
Le magnétisme c'est la vertu qui nous donne la possibilité d'élargir notre monde en nous faisant passer

**de l'individualité à la collectivité**

La  gravité est liée à la peur, le magnétisme à l'amour.
D'ailleurs

**la vie c'est comme une voiture:**
**l'amour c'est l'accélérateur,**
**la peur c'est le frein**

On a besoin de tous les deux pour la conduire correctement et pour se déplacer rapidement sans risquer.
Avec le frein appuyé on ne va nulle parte, mais si dans le juste moment on ne freine pas, on se fera très mal.

Tout ce que nous avons dit c'est valable pas seulement pour l'homme, mais aussi pour chaque structure qui marche comme un organisme vivant: une équipe sportive, une équipe de travail, une société, une communauté.
Même eux possédent un centre magnétique et un centre de gravité.
De façon générale nous concluons que, dans un organisme vivant,

**le centre magnétique crée la richesse,**
**le centre de gravité l'élargit**

D'ailleurs, même l'argent on le gagne pour le dépenser, mais c'est grâce à un juste équilibre, entre gagner et dépenser, que la survie peut être garantie.

Pareillement pour la vie. C'est la juste alchimie de buts et de besoins qui permet à la vie de continuer, de se renouveler, de croître, de se reproduire et de se répandre.

Retournons au rêve.
Chaque rêve, pour le fait même qu'il existe, consomme une certaine quantité d'énergie; s'il se transforme en objectif et devient un projet qui marche, l'énergie revient en abondance.

En effet, en marchant, il insuffle la vie tout autour et ce qui la reçoit il la lui rend multipliée.

Au contraire, *un rêve qui devient un besoin*, consomme de l'énergie continuellement, et il n'y a personne qui la lui rend. Nous pouvons conclure que

**dans la plénitude la vie se multiplie,<br>
et se propage partout,<br>
dans le manque la vie se consomme<br>
et s'éteint en elle-même**

*Combien rapidement est-ce qu'elle se consomme?*

Elle se consomme lentement dans la survie, mais beaucoup plus rapidement si aux besoins instinctifs se joignent les besoins projetés par l'esprit à cause des peurs et des désirs.
Ce qui consomme rapidement la vie c'est le manque qui devient un besoin, une prétention, une déception, une frustration, une rage, et une souffrance. C'est surtout la souffrance, qui liée au drame, consomme la vie très rapidement.

**La plénitude est le chemin vers la vie,<br>
le manque, le chemin vers la mort**

En chemin, il y aura de nombreuses étapes, et les évènements pourront se dérouler selon des partitions très différentes, mais *la nature du chemin* ne dépend pas des évènements, de la vérification ou moins de certaines situations, ne depend pas du cas.

**La nature du chemin<br>
est dejà écrite dans l'attitude<br>
qui le gouverne**

En effet, en général,

**le devenir c'est la manifestation
de l'être dans le temps**

et, autant que des façons différentes et en temps différents, ce que chaque homme obtient par la vie est *une rencontre, plus ou moins profonde, avec lui même.*


En résumant:

**chacun obtient toujours ce qu'il est**

Mais la nature du chemin, peut toujours être changée.
Pour faire cela, il faut produire une autre attitude, à la suite d'un changement de son propre être, d'une vraie et propre conversion.

**Le changement de l'être
commence toujours par un choix
fait dans l'intériorité plus profonde**

On comprend, alors, pourquoi la liberté de choix, ou libre arbitre, est l'un des plus grands dons qui sont accordés à l'homme.

Retournons à la comparaison de la plénitude et du manque.

*La plénitude s'exprime par objectifs et non par besoins.*

Les objectifs, peuvent concerner l'être ou l'avoir, mais, dans les deux cas, ils doivent faire face à une loi fondamentale qui dit:

**le fait de donner et de recevoir
sont toujours en équilibre**

Celle-ci, appliquée à l'avoir, nous dit:

**pour obtenir ce que tu veux
tu dois donner ce que tu as**

tandis que, appliquée à l'être:

**pour devenir ce à quoi tu aspires
tu dois donner ce que tu es**

*Le manque s'exprime par besoins et il est incapable d'élaborer des objectifs.*

C'est à l'origine de chaque vision apitoyée et, paradoxalement, c'est la cause qui empêche à la vie de se faire remettre ses dons.
En effet, celui qui pense toujours en termes de ce qu'il n'a pas, projette les désirs et les besoins qu'il voudrait voir satisfaits immédiatement sans comprendre que ce n'est pas possible. Satisfaits par qui? Le seul qui peut le satisfaire c'est lui même, mais, seulement lui, il ne s'en occupe pas parce que, en cultivant le manque, il ne posséde pas même un point d'où partir et il n'a pas même la patience nécessaire pour construire la capacité de recevoir.

***Le chemin du besoin*** est perdant parce que fait de rêves stériles qui ne dépassent pas les limites de l'esprit et tout au plus de l'émotion.

***Le chemin de l'objectif*** est victorieux parce que le rêve dépasse les limites de l'esprit, devient une émotion, une motivation et enfin, une action.
Comme cela il pénètre dans la réalité sous forme de réalisation et de là il attire ce qui lui ressemble pour continuer ensemble, avec plus de vigueur, le travail entrepris.

80

Le chemin de l'objectif exige l'objectivité.

C'est un chemin objectif tandis que le chemin du besoin est purement subjectif. En effet, il ne pénètre pas dans la réalité, sinon à travers la plainte du besogneux, qui infecte tout ce avec quoi il entre en contacte.

Dans la nature, par exemple, il ne suffit pas de se mettre devant un morceau de terre et dire je veux des tomates, mais il est nécessaire d'avoir les semences des tomates, de les planter après avoir préparé le terrain, faire croître les plantes, les nourrir et avoir soin d'elles jusqu'à ce qu'elles donnent des fruits. Donc la semence est indispensable puisque

**la semence est le récipient de la possibilité**

Il est toujours nécessaire de partir de la semence afin que la possibilité se réalise.

Quand nous prétendons quelque chose, mais nous n'en plantons pas la semence, nous utilisons une forme d'arrogance qui simplement ne marche pas.

Penser en termes de manque, est aussi nuisible, puisque

**le manque est lui même une semence:**
**la semence d'un manque encore plus grand**

Si cela est notre attitude, il nous convient de changer de route et de commencer à penser en termes de plénitude.

Pour faire cela nous apprenons la parabole de Jésus.
Regardons notre vie (ce que nous avons et ce que nous sommes) et reconnaîssons ce qui a de la valeur, reconnaîssons nos talents.

S'il nous semble ne rien voir, insistons pour regarder avec amour et patience et, si ce que nous voyons nous semble petit, trop petit, ou tout bonnement insignifiant, cela n'a aucune importance: mettons-le à profit!

Les fruits donneront d'autres fruits et personne peut dire combien et quels fruits ils seront. En effet,

**"... à qui a, tout lui sera donné et il sera dans l'abondance"**

Le fait d'accomplir chaque action à partir de ce qu'il y a et éxiste, c'est tellement important qu'en tenait compte même Jésus, qui avait une certaine expérience de miracles.

En effet, lorsqu'il s'agit de rassasier 4000 personnes, avant tout il demanda à ses disciples:

*Combiens de pains avez vous?*

*Ils lui dirent: sept.*

*Jésus donna l'ordre à la foule de s'asseoir par terre.*

*Il prit alors ces sept pains, il rendit grâce, il les rompit et il les donna à ses disciples pour qu'ils les distribuassent; ils les distribuèrent à la foule.*

*Ils avaient aussi peu de petits poissons: en prononçant la bénédiction sur eux, il dit de distribuer même ceux là.*

*Comme ça ils mangèrent et ils se rassassièrent; et ils emportèrent sept paniers de morceaux des restes.*

*Ils étaient environ 4000 et il les congédia.*    *(Marc 8,5 )*

Chapitre 5

# Être dans l'ouverture

# Être dans l'ouverture

*Est- ce que je suis dans une attitude d'ouverture?*

Il est important de se poser cette question surtout si on désire apprendre.
Apprendre demande le contact avec le nouveau, avec ce qui, jusqu'à un instant auparavant, était inconnu. Comment l'inconnu pourra-t-il pénétrer en moi et devenir une partie de moi si mes portes d'accès sont toutes barrées? Il ne pourra pas, parce que

**une attitude de fermeture empêche chaque expérience
y compris l'apprentissage**

Qui, avant de lire un livre, d'écouter une musique, de voir un film, de commencer un dialogue, de rencontrer une personne ou d'aborder une nouvelle expérience, a l'intelligence d'assumer une attitude d'ouverture? Presque personne, et c'est pour cela que presque personne vit des expériences profondes et  totales.Ainsi

**l'homme tire de ses expériences et de son même vécu
un fruit très inférieur à celui que la vie lui offre**

Pratiquement il ne vit pas vraiment.

C'est à cela que ***Seneque*** se réfère quand il écrit à son ami ***Lucilius***: *je vois beaucoup d'homme mourir avant d'être nés.*

Cela signifie que beaucoup d'hommes arrivent à la fin de leur vie biologique, sans avoir dévéloppé un vrai vécu, parce qu'ils ne sont jamais vraiment nés.

*Marcello Marchesi*, homme de spectacle apprécié par son acuité disait: *ce qui compte c'est que la mort nous accueille vivants.*

Je pense qu'il voulait dire que nous ne devons pas craindre la mort physique parce qu'elle fait partie de la vie: c'est le fait de ne pas vivre qui devrait nous faire peur. Gaspiller la vie en ne vivant pas, est pire que mourir après avoir vécu.

**Si demain nous trouve exactement comme hier,
cela signifie qu'aujourd'hui c'est un jour sans vie,
un jour stérile, perdu inutilement**

*Être ou ne pas être?*

La question d'***Hamlet*** peut être comme ça paraphrasée:

*Est-ce que je choisis qu'aujourd'hui soit l'évolution d'hier
ou est-ce que je permets qu'il en soit la photocopie?*

A chaque instant, à partir de maintenant jusq'au moment de notre mort, il y a la possibilité d'une renaissance. Si nous saisissons l'occasion qui nous est donnée et nous naissons à la vie, nous ne devrons plus mourir avant d'être nés. Nous mourrrons après avoir acquis une nouvelle vie, et pourtant nous mourrons vivants.

Qu'est-ce que nous apporterons avec nous au seuil de la mort? Rien de ce qui nous avions, parce qu'à ce moment-là nous n'avons plus rien, et même le corps, desormais incapable de marcher, ne nous nous appartient plus.

*Alors, nous apporterons essentiellement ce que nous sommes.*

Plus précisément, nous apporterons ce que nous sommes arrivés à être au seuil de ce passage-là.

Tout ça est parfaitement décrit dans le vingtième chapitre de l'évangile selon Luc où Jésus est crucifié avec deux larrons.

Tous les deux ont derrière eux un passé identique, mais ils vivent le présent d'une manière complètement différente. Pour tous les deux

**Jésus est la nouvelle possibilité<br>qui se présente à la fin de leur existence**

Le premier la refuse et il insulte Jésus. Sans une rénovation et une renaissance, le présent reste le même que le passé et il mourra exactement comme il avait vécu. En revanche, le deuxième conçoit la possibilité, il la voit, il la reconnaît, il la comprend et il la saisit. Comme cela il produit le changement.

En effet, il dit: *Jésus rappelle-toi de moi quand tu rentreras dans ton royaume.*

Et Jésus: *en réalité je te dis, aujourd'hui tu seras avec moi au paradis.*

Le changement l'amène dans un nouvel état de l'être qui, à partir de ce moment là, lui appartiendra. Ainsì transformé, il est né à une vie nouvelle. C'est une nouvelle vie où il s'unit à Jésus qui lui confirme que ce même jour là, ils seront ensemble au paradis. Tout cela signifie que

**la mort a le pouvoir sur le corps,<br>mais n'en a pas sur l'être**

Le corps, en mourant, se désagrège, se dissoud dans ses arrangements et il disparaît de la vie et de la vue.

**L'être transcende la mort indemne,<br>sans subir ni discontinuité ni changement**

*Pendant la vie, l'être ne se voyait pas, mais il existait.*
*Après la mort, l'être continue de ne pas se voir et à exister.*

Dans le dépassement du seuil, ce qui est séparé reste séparé, et ce qui a été unit, soit un instant auparavant, reste unit.
Il arrive à beaucoup d'hommes de ne pas mourir vivants parce qu'ils n'ont jamais vraiment vécu.
Et comment cela pourrait être différemment si celui qui va à la rencontre d'experiences de la vie ne se présente pas à ces rencontres dans la plénitude de son être?
Il regarde mais il ne voit pas, il entend, mais il n'écoute pas, il est là mais il n'est pas présent, parce qu'il n'est pas dans une perception globale de ce qui se trouve en lui même et à l'exterieur de lui même dans cet instant précis.
*De quoi dépend cette absence de la vie, ce fait de ne pas être?*

Cela dépend du fait que l'homme, en devenant adulte, se retire, de plus en plus, dans son petit monde de peurs, de ses limites, de ses certitudes et de ses convinctions.
Donc, il n'est pas présent à la vie, parce que le présent lui a été volé par les fantômes du passé, qui finiront par se rendre les maîtres même de l'avenir. Il est comme une chenille, qui reste toujours dans le grumeau et ne devient jamais un papillon, parce qu'il conçoit juste le grumeau et y vivre à l'intérieur.
En quelques mots, l'homme, vit presque toujours, à l'intérieur d'un drame et il ne conçoit rien sinon le drame lui-même.
Cela ce n'est pas vrai pour les enfants, pourtant le drame c'est un état d'écluse, plus ou moins total, où les êtres humains arrivent au cours de leur vie.

*Comment cela peut-il arriver?*

Beaucoup d'hommes, en sortant de l'enfance  et en s'approchant de l'âge adulte, tendent, de plus en plus, à voir la vie comme une séquence de problèmes qui la rendent fatigante et pleine de souffrance. Cette vision c'est **le début du drame**.

Nous ne sommes pas intéressé, pour le moment, à rechercher la raison de cette distorsion de la vie pour laquelle certains faits sont définis comme des problèmes; il nous suffit d'observer que les hommes pensent qu'ils doivent les résoudre, et dans ce devoir, ils s'engagent avec toutes leurs forces.

Toutefois, temporairement, ils trouvent un peu de soulagement parce qu'ils croient en avoir résolu un peu. Ils pensent alors, que, s'ils les résolvent tous, ils seraient finalement heureux. Comme cela ils mettent en action une recherche illusoire et compulsive du bonheur, pour lequel,

**en  projetant le bonheur dans l'avenir,<br>ils s'éloignent du présent<br>et ils se condamnent au malheur**

Dans cette direction ils gaspillent toutes leurs énergies.

En dédiant incessamment leurs efforts à la solution des problèmes, ils vivent *la continuation du drame*.

Il serait necessaire de comprendre que penser toujours au drame, se consommer pour lui, lutter continuellement pour le résoudre, produit le résultat de confirmer le drame lui même, l'alimenter, lui donner de l'énergie et de la vitalité, et enfin, le consolider dans la réalité. Comme ça il devient un aspect important, souvent le plus important, et quand tout cela arrive, se produit *la cristallisation du drame.*

Quand elle se vérifie, il n'y a plus d'espace pour rien d'autre, même pour la vie qui s'appauvrit jusqu'à devenir survie.

Un certain nombre d'hommes s'en aperçoit, mais ils pensent que la vie pourra recommencer quand le drame sera terminé.

Mais le drame, pour une cause ou pour une autre, ne termine jamais et, en revanche, c'est la vie qui termine.

Nous comprenons pleinement le sens des mots de *Sénèque*.

Il nous dit que l'homme attend la fin du drame pour commencer à vivre, mais cette fin n'arrive jamais et, à sa place, arrive la mort; comme ça l'homme meurt avant d'être né.
À ce point- là

** la mort entre à part entière dans le drame<br>et elle en devient la protagoniste indiscutée et absolue **

En effet, l'homme pense que la mort arrive, prématurément et injustement, à interrompre la recherche et la conquête d'un bonheur auquel il aspire et auquel il a droit.
En même temps, tout le monde sait que, tôt ou tard, la mort arrive; ils en ont peur et ils la refoulent, de manére qu'ils puissent continuer sans problèmes à poursuivre le bonheur auquel ils aspirent. Cela est plus vrai s'ils ont confondu le bonheur avec le plaisir et ils sont devenus dépendants du plaisir. Continuellement mises à part,

** la mort et la peur de la mort<br>acquérissent un pouvoir immense<br>en devenant le drame par excellence,<br>le grand drame collectif de l'humanité **

Pour comprendre comment cela arrive il faut approfondir le fonctionnement du refoulement.

**Le refoulement c'est la forme la plus exaspérée du refus.**
Elle consiste à vouloir exclure un évènement de la vie, de la vue, de tout ce qui est à la lumière du jour.
C'est une impulsion à le détruire, à l'effacer de l'existence, du monde, en voulant l'ignorer totalement et absolument.
Mais l'ignorance est toujours la cause des souffrances, et rien ne peut vraiment être effacé.

En effet, en refoulant un contenu indésiré de la conscience, nous le poussons dans un point, plus profond et obscure, de l'inconscient, où son pouvoir résulte multiplié.

A partir de là, ce contenu invisible peut agir tranquillement, et influer sur notre vie d'une façon encore plus incisive et déterminante.

**Si le refus produit la guerre**
**contre un ennemi visible,**
**le refoulement crée l'esclavage**
**à l'égard d'un tyran  invisible**

Le choix le meilleur, qui ne crèe ni des ennemis ni des tyrans et conduit avec simplicité à la paix et à la liberté, c'est celui de

**renoncer à chaque forme de refus**
**et d'essayer d'accueillir**
**tout ce qui existe dans le monde**

Si un évènement nous cause des difficultés c'est parce que nous avons une limite et il nous la montre.
Il convient alors de l'accueillir et d'apprendre la leçon qu'il nous mène, parce que c'est un enseignement qui nous dégage de la limite, et nous enrichit dans la compréhension.
Les alternatives sont celles de le refuser, en créant un ennemi à combattre, ou à le refouler, en créant un tyran duquel dépendre.

En l'accueillant, au contraire, nous deviendrons capables de le comprendre et de *l'inclure pacifiquement et fructueusement dans notre vie.*

*En effet, il vaut mieux élargir ma compréhension pour arriver, graduellement, à inclure tout ce qui existe, plustôt que réduire et déformer l'existant pour pouvoir le contenir dans mon ignorance.*

Il faut une attitude d'humilté comme celui qu'*Hamelet* suggère à son ami *Horatio* quand il lui dit: *Il y a plus de choses au ciel et sur la terre que n'en peut rêver votre philosophie.*

Pour approfondir ultérieurement le thème jusqu'ici traité, il est indispensable de nous interroger sur la nature du bonheur, du drame et de la mort.
Nous nous inspirerons des mots de Jésus qui nous suggère *être dans le monde mais pas du monde.* Cela signifie

**rester ancrés dans le centre de notre être
tout en vivant bouleversés
dans le mouvement  de la vie**

C'est l'état de conscience où

**cesse la distinction entre être et devenir
et naît la paix**

Cela arrive parce que les opposés du monde du devenir se lient et se dissolvent continuellement dans la conscience de l'être.

**Dans la dimension de l'être une vie heureuse est possible.
En effet le bonheur est l'état de bien-être
qui vient d'une conscience constante de soi
malgrè le changement des événements du monde**

En réalité les événements du monde, en changement continu, nous rappellent continuellement à nous mêmes.

C'est un rappel auquel nous pouvons choisir d'être sensibles ou sourds.

Le Malheur naît quand l'homme, ayant perdu le contact avec l'être et ayant oublié lui-même, demeure exclusivement dans le devenir, qui, ensuite, le bouleverse continuellement.
Là, la recherche du bonheur est vaine et illusoire et son réalisation impossible. En effet, le bonheur ne peut pas être cherché, trouvé et possédé, mais juste vécu. Pour le vivre il faut rétablir la liaison interrompue. Pour le rétablir il faut le choisir.

**Le bonheur existe si nous sommes, il n'y a pas de bonheur si nous ne sommes pas.**

*Une courte parenthèse*: le mot religion dérive du latin *religio*, et c'est une question controversée si ce terme descend des verbes *religare*, *relegere* ou *re-eligere*.
*Religare* veut dire unir ensemble, lier, et, en sens plus étendu, se relier.
*Relegere* signifie lire de nouveau, lire avec beaucoup plus d'attention.
*Re-eligere* signifie choisir de nouveau.

Comme on voit, quelque soit l'étymologie choisie, le sens ultime ne change pas et c'est celui de ***retourner à l'être.***

Dans la tradition biblique, l'être humain, à cause du péché originel, sort du paradis terrestre, tombe dans la dualité du bien et du mal, et perd le Bonheur. Donc

**l'être c'est le paradis terrestre
et le péché originel c'est la perte de conscience conscience
de l'union de soi avec le Tout**

*Comment se comporte un homme qui "est dans le monde, mais pas du monde" devant les événements?*

Il est heureux, il a une énergie stable qu'il conserve et qu'il augmente et comme ça il vit dans une dimension de plénitude.

Tandis qu'un événement se présente à l'horizon, il accepte son approche, il accepte le contact avec lui et il accepte l'éloignement suivant.

Il accueille toutes les étapes de l'expérience et, d'aucune façon, il essaie de résister ou de bloquer le flux de la vie.

Il sort de l'expérience grandement enrichi et prêt à accueillir d'autres expériences.

*Et un homme qui "est dans le monde et du monde"?*

Il est malheureux parce qu'il a perdu le contact avec l'être, il a une énergie instable et fuyante et comme ça il vit dans une dimension de manque et de besoin.

En perdant le contact avec l'être il est précipité dans le devenir où la guerre des opposés règne.

Tandis qu'un événement se présente à l'horizon il représente pour lui un problème. En effet, il n'est pas capable de le reconnaître parce que, éloigné de l'être et pas conscient de soi, il n'est plus capable de se reconnaître.

Il ne sait pas si considèrer cet événement une possibilité ou une menace, un ami ou un ennemi.

Il doit choisir, et en cela consiste le problème. Le droit chemin, celui de l'accepter avec amour de toute façon, il est inaccessible à qui ne demeure pas dans l'être.

Bouleversé dans la dualité, il doit donc choisir si refuser l'événement par peur, ou si l'accepter par besoin. Il n'y a pas une réelle différence entre les deux alternatives, parce-que

**il n'y a pas un vrai choix au dehors de l'être**

S'il le refuse par peur, l'événement continuera à se reproposer même s'il n'est pas nécessairement de la même forme identique.

94

S'il l'accepte par besoin, il ne s'agit pas d'une vraie acceptation, parce qu'elle n'arrive pas dans l'amour et dans la liberté.

Alors, au moment du contact, le besoin fera de manière qu'il s'attache à l'évènement, et après il refuse de le laisser, quand celui-ci essayera de s'éloigner.

En produisant le refus, que ce soit celui d'accepter ou celui de laisser aller, il bloquera le flux de la vie.

Enfin, il résultera appauvri de l'expérience non conclue qui aura besoin d'être reprise.

A ce point là, nous pouvons *analyser la nature du drame.*

## Le drame c'est l'énorme cession d'énergie qu'un homme accomplit à l'égard de ce qu'il refuse

L'attention est un flux d'énergie qui sort de celui qui donne attention et arrive à celui qui la reçoit. Le refus est un genre d'énergie très forte, intense et puissant. Lorque je me trouve devant un événement qui encourage la peur en moi, je le refuse. Une certaine quantité d'énergie sort de moi et entre en lui. Je m'affaiblis et il se fortifie. Etant donné qu'il devient plus fort et présent, ma peur augmente et moi je renforce mon refus.

Ce flux d'énergie croît continuellement, en m'apprauvissant et en l'enrichissant. Cela nous montre que

## le refus crée des relations de dépendance

Jèsus nous dit:

## aimez vos ennemis

et nous pourrions ajouter:

## comme ça vous ne serez pas obligés de dépendre d'eux en gaspillant la vie dans la guerre

Il nous reste à *affronter le thème de la mort.*

## La mort est l'issue funeste du drame

En effet, le drame c'est de la consommation. Si le drame ne cesse pas, la perte d'énergie vitale d'un homme continue, et quand à l'organisme il n'en reste pas suffisamment, il mourra.
Actuellement, la consommation de l'énergie vitale d'un homme arrive à 80 ans environ, au debut du 20ème siècle elle arrivait à 50 ans environ, et à l'époque des anciens romains à 30 ans.
Êtant donné que le drame de la mort est devenu, au cours des siècles, le drame par excellence de l'humanité, nous pouvons conclure que, actuellement,

## c'est vivre le drame de la mort
## qui crée réellement la mort du corps physique

Tout cela nous le retrouvons exprimé magnifiquement dans la Bible (Sagesse 1,12-16):

*Arrêtez de rechercher la mort avec les erreurs de votre vie,*
*et d'attirer sur vous la ruine par les oeuvres de vos mains.*
*Car Dieu n'a pas fait la mort,*
*et il n'éprouve pas de joie de la perte des vivants.*
*Il a crée toutes choses pour qu'elles existent;*
*les créatures du monde sont salutaires,*
*il n'y a en elles aucun principe de destruction,*
*et la mort n'a pas d'empire sur la terre.*
*Car la justice est immortelle.*
*Mais les impies appellent la mort du geste et de la voix;*
*la regardant comme une amie, ils se passionnent pour elle,*
*ils font alliance avec elle,*
*et ils sont dignes, en effet, de lui appartenir.*

96

Il peut être intéressant d'ajouter à ces mots les réflexions du Dalaï-Lama sur la vie des hommes occidentaux.
Il affirme:

*"Ce qui m'a le plus surpris des hommes de l'occident c'est qu'ils perdent la santé pour gagner de l'argent et puis ils perdent l'argent pour récupérer la santé.*
*Ils pensent tellement à l'avenir qu'ils oublient de vivre dans le présent, de manière qu'ils ne réussissent pas à vivre ni le présent ni l'avenir.*
*Ils vivent comme s'ils ne devaient jamais mourir, et ils meurent, comme s'ils n'avaient jamais vécu"*

Il est beau de voir que Sénéque et le Dalaï-Lama, séparés de 2.000 ans d'histoire et 10.000 kilométres de distance, sont en parfaite syntonie.
A tout ce que nous avons dit précédemment, on peut s'opposer en affirmant que, au delà du drame, la mort arriverait de toute façon pour des causes physiologiques. Cela, peut être c'est vrai, mais combien est-ce que durerait l'existence humaine s'il n'y avait pas le drame? Personne ne le sait!

Nous nous limitons à observer que la Bible dit que l'existence de Matusalemme dura 969 ans, celle de Iared 959, celle de Noé 950, celle d'Adam 930, celle de Seth de 912, celle de Kenan 912, celle de Enos 905.
Ils existent des études scientifiques intéressés à estimer quelle serait la durée de l'existence humaine si on corrigeait les mécanismes de la dégénération du milieu, mentale et génétique et on reportait la vie dans une pureté naturelle incontaminée.

Essentiellement cela signifie nous demander combien de temps est-ce que nous vivrions si nous nettoierions des ordures *l'environnement, l'esprit et l'ADN.*

Un livre sorti en 2009 intitulé *L'extension indéfinie de la vie* écrit par *Antonella Canonico* et *Gabriele Rossi*, deux chercheurs respectivement de neurophysiologie et d'intelligence artificielle soutiennent la thèse de la demi-immortalité.

D'après les deux scientifiques l'existence humaine pourrait facilement durer environ 1000 ans, et les connaissances scientifiques actuelles rendraient cette possibilité concrète dans une date éstimée entre 2030 et 2060. La coïncidence entre leur hypothèse et le compte rendu biblique est un indice stimulant.

D'ailleurs celui de l'immortalité a toujours été le thème central de toutes les religions.

Descendons maintenant d'un cran vers le concret et posons nous la question:

*Comment faire pour résoudre le drame une fois qu'il a été crée?*

Le point c'est que le drame ne peut jamais resoudre le drame, mais seulement le confirmer.

Autrement dit: l'écluse crée le drame, le drame crée d'autres écluses qui créent d'autres drames…

C'est un processus qui reproduit et regénère continuellement lui- même.

Si le drame ne peut pas être résolu, il peut, en revanche, être dissous et, encore mieux, il ne peut pas être tout à fait crée.

Pour faire cela il faut changer d'attitude: se déplacer de la fermeture à l'ouverture.

Avec l'ouverture, le drame commence à se dissoudre et si elle devient une attitude constante, le drame ne sera plus créé.

*Comment passer de l'écluse à l'ouverture?*

Le mot drame dérive du jargon théâtral.

98

La similitude qui compare la vie à une oeuvre théâtrale ou à un film a été longuement utilisée et nous en profiterons nous aussi.

Un célèbre aphorisme d'**Oscar Wild** affirme:

*Il vaut mieux être le protagoniste de sa propre tragédie qu'être le spectateur de sa propre vie.*

Cet aphorisme est un excellent exemple d'écluse, fruit d'une attitude mentale qui sépare, qui s'oppose, qui exclut, et donc, qui ferme. Notre première tâche est celle d'ouvrir cet aphorisme et de le faire s'épanouir et de changer d'attitude mentale, qui nous permet de passer d'une pensée exclusive, du genre *"ou... ou..."*, à une pensée inclusive, du genre *"et... et..."*.

L'aphorisme nous met dans une fâcheuse alternative: être le protagoniste de sa propre tragédie ou être le spectateur de sa propre vie.

Pourquoi est-ce que je devrais choisir entre deux perspectives tout aussi pitoyables?

C'est comme si, en étant malade de la peste, je m'adressais au médecin et il me réponde que s'il me guérit de la peste, il m'infectera avec le choléra.

Pour quelle raison est-ce que je devrais choisir entre la peste et le choléra, quand je peux choisir d'être sain?

Pourquoi choisir d'être le protagoniste de ma tragédie plutôt que le spectateur de ma vie quand je peux être *le protagoniste de ma vie*? Pourquoi de ma vie est-ce que je ne peux pas être, en même temps, protagoniste, spectateur et tout ce que je retiens utile et désirable? Pourquoi pas l'auteur?

Pourquoi pas *le créateur heureux d'une vie heureuse?*

Ces questions peuvent sembler absurdes, et pourtant pour les latins, elles ne les étaient pas, étant donné qu'ils nous ont transmis la maxime, attribuée à **Salluste**, *Faber est suae quisque fortunae* que nous pourrions traduire *Chacun est le créateur de son propre destin.*

Si j'abandonne le jugement sur les hommes et j'abandonne l'habitude de les classer en bons et méchants, en amis et ennemis, ce que j'obtiens c'est **une vision impartiale de l'humanité**.
Elle me montre que les hommes sont tous différents et ils suivent ses propres chemins. Pourtant, chaque homme vit à l'intérieur d'un film dont il est l'acteur protagoniste. S'il ne le sait pas il ne peut que jouer son rôle jusqu'à la fin de ses jours.

Ayant vu tout cela, je peux me demander: *Si tout le monde se trouve dans un film et il ne le sait pas, est-ce que je suis moi aussi dans un film qui m'appartient et je ne le sais pas?*.
Il n'est pas difficile d'immaginer une réponse affirmative: naturellement il faut la vérifier. Ainsi je peux décider de m'observer avec patience, attentivement et pour longtemps.
C'est un début de connaissance de moi même qui me mène graduellement à voir comment mon film est construit et de quelle façon je bouge en son intérieur.
Si je continue de jouer et d'observer le film de moi même, un jour je serais touché par une intuition brillante: *la raison pour laquelle je peux jouer le film et le regarder, en même temps, c'est que je ne suis pas seulement l'acteur mais aussi le spectateur!*
Si je ne cesserais pas de jouer ces deux rôles ensemble, un jour je me rendrais compte qu'il y a certaines parties du film que j'aime, et d'autres que je n'aime pas.
Celles que je n'aime pas, je voudrais les changer.
Je devrais me rendre compte que je ne peux pas. En effet, l'acteur peut seulement jouer, le spectateur peut seulement assister.
Pour le changement il nous faut autre chose.
Et ici il est impératif un passage difficile qui peut demander beaucoup de temps. Il s'agit de comprendre que je possède une volonté de changement parce que *je ne suis pas seulement l'acteur et le spectateur mais aussi le metteur en scène*. En moi il y a tous les trois personages et chacun joue son rôle: le metteur en scène crée l'histoire, l'acteur la joue, le spectateur regarde le film.

Le drame existe quand les trois personnages sont séparés, et *la trinité de l'homme n'est plus une unité* parce qu'elle a été brisée.

Reconstruire l'unité signifie sortir du drame et retrouver la liberté de créer sa propre vie.

Beaucoup d'hommes le comprennent, mais ils refusent, ou ils n'essayent pas, de le faire, parce qu'acquérir la liberté signifie assumer sa responsabilité, et la responsabilité est ce qu'ils craignent le plus.

De toutes façons, *sans la présence et la collaboration de toutes les trois figures, le film ne peut pas changer.*

Le film que je suis en train de jouer et que je suis en train de regarder maintenant, dépend de l'histoire que le metteur en scène a écrit depuis longtemps. Si pour le lendemain je veux un autre film, il faut qu'aujourd'hui je commence à écrire une histoire différente, il faut qu'aujourd'hui je plante les graines de la nouvelle vie, les graines de l'avenir.

Il n'y a pas de limites aux histoires qui peuvent être écrites et tranformées en films à jouer, à voir, et à modifier à notre gré.

Et ainsi on comprend que

**la vie n'est pas un drame à subir,
mais une richesse de potentiels à forger,
en utilisant la créativité**

Jésus nous parle souvent du règne des cieux.

L'interprétation commune c'est qu'il parle du paradis, un lieu qui existe après la mort. L'expression *règne des cieux* est utilisée 32 fois dans les évangiles et, pas une seule fois, est indiqué qu'il s'agit d'une condition au delà de la vie.

L'idée d'un *lieu qui existe après la mort* est totalement privée de sens et rend ce lieu inaccessible et son existence invérifiable.

En effet, **lieu** *se réfère à l'espace,* **après la mort** *se réfère au temps.* Si le paradis est un lieu, il est possible de le rejoindre dans un temps quelconque, et même maintenant.

Si le paradis est un temps, alors il peut exister partout, même ici.

Tous ces paradoxes cessent, si on comprend les mots de Jésus exactement. Il dit (Matthieu 18,3):

*Si vous ne changez pas et vous ne devenz pas comme des enfants, vous n'entrerez pas dans le règne des cieux.*

Et quand est-ce que nous devrions le faire si ce n'est pas maintenant et où si ce n'est pas ici?
Et alors on comprend que le règne des cieux, ou paradis, n'est pas un lieu et n'est pas un temps.

### Le règne des cieux est un état de l'être et il peut exister toujours et partout

Il est bon d'avoir de la patience et de l'affectation à l'égard de notre pensée et des ses limites.

L'homme a toujours appris, et il apprend encore, de l'expérience.
Pour cette raison la pensée humaine est née et s'est transformée en utilisant les concepts de l'espace et du temps dont elle est impregnée.
Il est difficile qu'elle réussisse à abandonner ces concepts.
Le point de vue pour lequel le monde existe dans le temps et dans l'espace qui sont deux réalités préexistantes, deux contenants pour les choses et pour les événements, n'est jamais contesté.
Cette vision relègue la vie dans le devenir, exclue l'accès à l'être et barre la porte de l'éternité.

En effet, quand même la conscience se dégagerait des choses du monde, elle resterait, de toute façon, prise au piège dans le temps et dans l'espace.

Et pourtant il suffit d'ouvrir un peu l'esprit pour contempler un autre point de vue pour lequel

**le temps et l'espace sont dans le monde
et non pas le monde dans le temps et dans l'espace**

Si on enlevait tout ce qui existe, et s'il ne restait rien, le temps et l'éspace disparaîtraient également.
Cela est en parfait accord avec la physique contemporaine.
Elle aussi affirme que le vide est plein de potentiels, c'est à dire que dans le vide il n'y a rien du point de vue matériel, mais il y a tout d'un point de vue potentiel. La physique affirme aussi que c'est grâce à la conscience que les potentiels se matérialisent.
Elle présente de nombreuses similitudes avec le bouddhisme et sa conception du vide et avec l'hindouisme et son idée de Sat-cit-ananda qui est la coïncidence de l'être, de la conscience, et de la béatitude. Que la science moderne se réunit avec la sagesse ancienne est vraiment un fait digne de remarque.

Reprenons notre raisonnement.
Si le temps et l'espace sont dans le monde et pas le contraire, nous comprenons que lorque la conscience va au-delà du monde, elle va aussi au-delà du temps et de l'espace. Elle va dans la dimension de l'être. Dans la réalité, concrêtement, la pensée humaine, même en opérant dans le monde, peut commencer à se dégager des catégories d'espace et du temps.
Alors elle peut  entrer graduellement dans une autre dimension.
Ce processus a été appelé avec des noms différents: intuition, inspiration, illumination, extase, vision…etc.
Ce qui compte c'est que

**on s'éloignant du temps et de l'espace
on s'approche à la Vérité**

***Simone Weil***, une brillante philosophe, disparue à trente-quatre ans, affirme:

*Il est impossible que la vérité entière ne soit pas présente en tous temps, en tous lieux, à la disposition de quiconque la désire.*

Une profonde réflexion à laquelle je voudrais ajouter:

*Il y eut un instant dans l'histoire du monde*
*où la Vérit è fut proclamée à haute voix,*
*mais tous étaient très occupés et personne n'écouta.*

Quel fut cet instant?
*Cet instant est chaque instant!*

Et quelle est cette vérité?
*Comment... tu ne l'entends pas?*

A tout cela se réfère Jésus quand il dit (Mathieu 24,35):

*le ciel et la terre passeront, mais mes mots ne passeront pas*

Retournons au paradis.
C'est un ciel aux horizons illimités, c'est la vraie vie qui se révèle comme possibilités, un don, une richesse et non pas une misère et une limite.

Jésus nous invite à changer et à retourner comme des enfants.
Comment sont les enfants?
Ils sont innocents et ils sont ouverts à chaque possibilité.

**C'est l'attitude d'une ouverture totale**
**celle qui caractérise les enfants**

Le changement qui est suggéré est celui d'abandonner les certitudes, l'orgueil, le drame et, comme les enfants, de se rouvrir à la vie.

**Quand l'homme s'ouvre à la vie**
**le règne des cieux s'ouvre à l'homme**

**Le règne des cieux c'est**
**l'immense horizon des possibilités**
**que nous pouvons reconnaître, choisir et comprendre,**
**c'est à dire de les prendre avec nous, pour les utiliser**
**dans la construction de notre vie et de sa signification**

En effet, la vie individuelle n'a pas une signification prédéfinie, qui la rendrait inutile et sans valeur d'un point de vue évolutif, mais une signification qui doit être cherchée, choisie, contemplée et enfin, construite.

**La construction de la définition de la vie**
**coïncide avec le développement de la conscience**
**et avec la croissance de l'être**

Quand un homme devient capable de voir l'immense richesse des possibilités qui lui a été donnée, la grande quantité des matériaux disponibles pour construire le sens de sa vie, et il commence à le faire, il devient conscient d'avoir reçu un grand don et la gratitude envahit son âme.
Il s'agit d'un don si grand, non délimité, fonnctionnant partout et toujours, qui peut résulter abstrait et invisible juste parce-qu'il est difficile de le concevoir dans sa grandeur.

**C'est un tout qui peut être pris pour un rien,**
**comme toujours il arrive**
**pour les choses simples et essentielles**

Quand un homme en acquiert la perception, et s'ouvre à lui, à ce moment-là,

**il fait partie du règne des cieux
et il n'importe pas
si cela arrive avant ou après la mort physique**

Ainsi, le thème initial de l'attitude d'ouverture acquiert toute son importance parce-que ce n'est pas seulement l'ouverture à l'égard de cet aspect ou de cet aspect là, cette connaissance ou cette connaissance là, mais l'ouverture à l'égard de la vie entière et de ses potentiels. De plus

**si nous ne sommes pas dans l'ouverture,
le règne des cieux nous fuit**

Jèsus nous avertit de ce risque en disant (Mathieu 21,31):

*Voleurs et prostituées vous passeront devant dans le règne des cieux*

Il s'agit d'un grand sujet qui, pour ne pas rester une théorie, a besoin d'être concrétisée. En fait même celui qui lisait ce même texte sans être dans l'ouverture, ne le comprendrait pas.

*Descendons d'un degré et demandons nous: comment est-ce que je peux, maintenant, entrer dans une attitude d'ouverture?*

Le principal outil c'est l'auto-observation: observer soi même et son propre quotidien. Voir comment est construite sa propre écluse, comment elle se produit et comment elle marche.
C'est une prison, même si elle est immatérielle.
Il est indispensable de la connaître profondément pour pouvoir la démanteler. Et étant donné que chaque prison est différente, le chemin aussi de libération de chacun est différent.

Mais pour tout le monde il s'agit de s'observer, d'approfondir la connaissance de soi, de modifier des attitudes et des comportements, vérifier les transformations effectuées et, comme résultat de ce travail, voir son propre monde s'élargir.

En même temps un changement de la qualité de la vie advient, car ce qui était impossible dans un petit monde, devient possible dans un plus grand monde. En effet,

**élargir son propre monde<br>permet de rendre possible l'impossible**

On peut faire de nombreuses observations, et toutes donneront des éléments précieux pour modifier, étape par étape, son propre rapport avec la vie, et donc étendre la lecture du monde.
Une grande aide sera donnée par les Saintes Ecritures et par tout ce qui est capable de nous orienter vers l'amour, la vérité, la beauté, le bien individuel et collectif, l'essentialité et la responsabilité.

On ne peut rien ajouter de plus, car c'est de la nature des observations faites que dépend le développement du chemin de chacun.
C'est un chemin essentiellement personnel, sur lequel seul l'individu peut s'exprimer, parce que, comme on a dit, c'est le metteur en scène qui écrit le sujet du film.
Mais, il est possible de citer quelques exemples tirés de l'expérience temoignée d'autres personnes.
Certaines d'entre elles s'observent dans la persistente défense d'elles mêmes et dans l'accusation des autres, à cause du fait qu'elles pensent et elles se sentent comme des victimes.
D'autres s'aperçoivent de vivre dans un climat de guerre permanent qui ne leur permet pas de déposer les armes, pas même pendant qu'elles dorment.

D'autres encore, voient que la recherche du plaisir est pour elles totalisante et qu'elles dépensent toutes leurs énergies en le poursuivant.

Ensuite il y a celles qui reconnaissent en elles mêmes la violence ou la paresse et celles qui s'aperçoivent d'être victimes de la vanité.

Beaucoup d'elles observent leur écluse s'exprimer dans la rigidité de l'esprit ou dans la dureté du coeur ou dans la contraction du corps.

Cela leur donne la possibilité de comprendre pourquoi ils ne réussissent pas à apprendre des événements de la vie.

En effet, la collaboration entre corps, coeur et esprit, est indispensable pour une vraie réceptivité qui permet de vivre des expériences réelles, profondes et globales.

Un bon exemple est celui de qui, en s'apercevant de vivre dans un état d'inquiétude totale, entre en conflit avec son esprit et commence à prendre des tranquillisants.

Avec l'auto-observation il découvre que l'esprit est juste le lieu où les problèmes se manifestent et que la cause est la peur et non pas l'esprit.

Si la peur est plus forte et l'esprit faible, ce dernier obéit à la peur, en produisant des pensées qui alimentent la peur elle même.

Cette situation, dont l'esprit obéit à la peur et non pas à la recherche de la vérité, est une situation où l'ordre naturel à été renversé, et semble une situation sans moyens de s'en sortir.

Toutefois la personne, grâce à la réflexion, à la méditation et à l'approfondissementdes Saintes Ecritures, peut rétablir une pensée droite qui fonctionne selon la Vérité.

L'esprit, en se rééduquant à la réalité et à la vèrité, se renforce, et se réapproprie d'une importante fonction qui est celle de rétablir continuellement l'ordre naturel des choses et de maintenir la bonne direction. De cette façon, il reconduit les émotions humaines dans une juste mesure, qui fournit une solution aux faux problèmes crées par la peur.

De cette mesure des choses, et des problèmes causés par son éloignement, le poète latin **Horace** était bien conscient.
Pourtant, il affirme: *Est modus in rebus, sunt certi denique fines, quos ultra citaque nequit consistere rectum.*

*Il y a un équilibre dans les choses,*
*il y a des limites précises,*
*au delà desquelles le juste ne peut pas subsister*

Cela signifie que sans un juste usage de l'esprit, sans la rectitude, qui est la capacité de bouger avec persévérence le long d'une ligne droite qui va dans la direction choisie, le juste ne peut pas exister.
En effet, celui qui est incapable de maintenir une direction parce qu'il se détourne continuellement ne peut pas rechercher le juste, le cultiver, le rejoindre et, encore moins, le vivre.

Cela arrive quand la peur, après avoir dépossédé l'esprit, prend le commandement du *jeu de la vie* de telle sorte que la direction de la vie change à chaque étape.

Alors se produit un malaise douloureux et inconcluant qui prend le nom d'inquiétude.

Ce dernier exemple se réfère à une situation très difficile qui nous montre comment

**un développement continu de la vie**
**trouve dans la patience et dans la persévérance**
**ses alliés les plus précieux**

et il peut avec le temps, résoudre la maladie de l'écluse et produire le retour à la vie.

# Chapitre 6

# *Un nouvel équilibre*

# Un nouvel équilibre

Très souvent la vie de l'être humain se balance entre deux extrêmes: **la volonté de contrôle** et **l'impulsion à se laisser aller**. Ce sont deux pôles opposés qui s'alternent et s'alimentent réciproquement.

Quand je m'aperçois être bouleversé par les événements, j'ai peur de me perdre  et je réagis en activant le contrôle.

Au début, cela me donne une certaine tranquillité parce-que la peur  disparaît, mais ensuite, une fois que le contrôle a été exercé pendant un certain temps, j'éprouve un sens de pesanteur et de constriction qui me pousse à relâcher la pression et à me laisser aller.

Je me sens tout de suite plus léger, mais après, les événements recommencent graduellement à m'échapper. Dès que je m'en aperçois, la peur resurgit, et je réactive le contrôle.

C'est un cycle répétitif, qui necessite beaucoup d'énergie et produit *la mal de vivre*. Cela dérive du fait que je ne réussis pas à

**être et fluire,
me conduire moi-même et me laisser aller**

Le résultat final c'est que je ne suis pas capable de

**conduire ma vie dans la légèreté**

En termes généraux,

**le fait que deux pôles opposés
s'alternent de manière répétitive et inconciliable,
c'est l'indice d'un déséquilibre**

C'est un déséquilibre qui dérive d'un manque de compréhension qui m'amène à m'identifier, avec l'un, ou avec l'autre des deux pôles, sans jamais pouvoir les contenir, c'est à dire comprendre, tous les deux.

C'est une oscillation constante, semblable à celle d'un pendule. Elle peut être aussi vue comme une prison ou, simplement comme une limite, où il n' y a pas de paix de toute façon, mais juste de l'inquiétude.

Pour sortir de cet état il suffirait de produire la capacité de contenir les opposés, si ce n'était  que

**les opposés ne peuvent jamais être contenus
par le récipient qui les interprète comme tels**

C'est le récipient qui doit changer: non selement devenir plusgrand, mais aussi se transformer, en s'améliorant en qualité. La transformation consiste à

**monter d'un degré dans l'échelle de l'être**

c'est à dire d'accéder à un niveau plus élevé, où on peut avoir un point de vue superieur et une compréhension et une conscience plus elevèes.

**Sur le nouveau plan, les opposés cessent d'être tels
et la polarité ne se forme pas**

Pour que tout cela puisse résulter clair, il faut réussir à voir que

**la vie se déroule sur un plan horizontal,
tandis que l'être se développe en direction verticale**

En montant les marches de l'échelle, on rencontre de nouveaux niveaux, un pour chaque marche. Un niveau n'est rien d'autre que la nouvelle compréhension de la vie, à laquelle j'ai eu accès, en montant une marche.
Il n'est pas difficile de comprendre que

**une nouvelle compréhension de la vie est une nouvelle vie**

Il existe différents niveaux d'existence ou la vie se repropose à des niveaux de plus en plus élevés.
En montant d'une seule marche, elle semble changer très peu, parce que tout reste semblable à ce qui était avant, surtout extérieurement.
En réalité, elle acquiert une plus grande validité, elle devient plus précieuse et riche de signification, pendant que de nouvelles fonctions s'ajoutent et de nouvelles possibilités se manifestent.
Pour le dire plus simplement:

**le haut contient le bas, il l'enrichit
et il lui ouvre un nouvel horizon**

Cela explique pourquoi

**la qualité de la vie croît avec l'être**

En effet, pour indiquer une bonne qualité de vie on utilise souvent le terme *bien-être*. Bouger, vivre et s'étendre sur un plan, ne produit pas le changement de l'être.
Un homme peut gagner beaucoup d'argent et acquérir des propriétés; alors il aura beaucoup de richesses, mais il sera encore le même homme.
Un autre homme pourra étudier beaucoup et acquérir de grandes connaissances; alors il saura beaucoup de choses, mais il sera encore ce qu'il était avant.

Ce sont toutes des conséquences du fait que

**le plan horizontal est le niveau de l'avoir;**
**c'est le lieu de la quantité,**
**ou il est possible d'acquérir des biens sans que l'être change**

Le mot *bien* signifie *ce qui est utile*: utile dans la vie et utile à la vie. Les biens, donc, ne sont pas seulement les biens matériels, (les choses ou l'argent), ou les biens émotionels (les émotions et les sentiments) ou les biens intellectuels (les pensées et les connaissances) mais aussi et surtout, les expériences.
Toutefois

**l'acquisition des biens n'est pas la croissance de l'être**
**parce que l'être n'est pas l'avoir,**
**la quantité n'est pas la qualité**
**et l'accumulation n'est pas le changement**

Si l'acquisition des biens n'est pas la croissance de l'être, il en est la présupposition indispensable et la base.

C'est comme un athlète qui, en voulant sauter en hauteur, doit prendre une course.
La course permet le saut, mas ce n'est pas le saut.
En effet, il est possible de prendre l'élan des centaines de fois et de ne jamais sauter.
Toutefois, sans une course convenable, le saut est impossible.

De la même façon, pour pouvoir monter, il est indispensable une expérience convenable au niveau où l'on est.

Métaphoriquement: il est nécessaire d'accumuler un nombre élevé d'expériences pour monter sur le tas accumulé c'est à dire sur le tertre construit d'expériences.

*Combien l'élan de l'athlète doit il être long et perfectionné pour pouvoir sauter?*

La course doit être très précise (attention à chaque pas) et longue suffisamment pour acquérir l'énergie nécessaire pour sauter.

*Combien la permanence d'un homme sur son propre niveau doit être longue et précise?*
Elle doit être très précise (conscience devant les événements) et longue suffisamment pour acquérir la compréhension dont il a besoin pour monter la marche.

*Mais quelle est cette compréhension nécessaire?*

Le niveau c'est le monde où je vis et il est immensément étendu.
Les choses qu'il contient et les expériences qu'il promet sont vraiment nombreuses, pratiquement infinies.
Il est très facile de **se perdre dans le monde** qui attire et séduit à travers la quantité d'expériences qu'il nous offre.
Et pourtant, en regardant bien, elles sont peu nombreuses; elles semblent nombreuses parce qu'elles se présentent sous d'innombrables formes, mais, vues dans leur éssentialité, elles sont peu nombreuses. Ce qui séduit ce ne sont donc pas les choses ou les expériences, mais les formes qu'elles prennent et dont nous nous laissons attirer en vertu du plaisir qu'elles promettent.

**Le plaisir est une promesse de bonheur,
mais ce n'est pas le bonheur**

C'est une promesse illusoire, qui n'est jamais maintenue, car aucun bonheur n'est possible sinon dans l'être. En effet,

**le bonheur est un état et non pas une ivresse**

C'est une condition où nous pouvons être, mais que nous ne pouvons pas avoir. Nous ne pouvons pas l'acheter, la posséder, et pas même penser de l'avoir acquisé définitivement. En effet, nous la perdons chaque fois que nous permettons que quelque chose nous séduise, en nous dominant. Quand cela arrive, détournés de nous mêmes,

**nous oublions  la réalité de l'être
et nous tombons dans l'illusion de l'apparence**

Le malheur s'ensuit.

**L'homme est séduit parce qu'il ne demeure pas,
de façon stable, dans son propre centre
et il oublie d'être et de valoir,
quoiqu'il arrive**

Ainsi il devient

**absent de sa propre vie
par manque de soi**

et il vit dans un état de manque chronique qu'il essaye de combler en poursuivant les besoins et les désirs. Comme ça,

**en essayant de posséder,
il est possédé**

De cette façon, il peut rester à son niveau pendant très longtemps, dans la *répétition des mêmes expériences sous formes différentes.*

Quand on joue toujours le même film, cela signifie que la vie est devenue survie.

Beaucoup d'hommes ont compris **la vanitè de se perdre dans le monde** et le danger d'en être engloutis.

Pour cette raison, certains ont choisi de s'enfuir du monde.

Mais, cela n'est pas la solution la meilleure, mais une autre illusion. En effet, *le monde existe pour être vécu, et puis, transcendé, mais pas pour être nié.* Comme il arrive souvent, le droit chemin nous est indiqué par Jésus qui nous invite à

**être dans le monde<br>
mais non pas du monde**

Ces quelques mots sont la juste conclusion de notre long discours et ils en constituent le perfectionnement. D'ailleurs

**tout l'évangile de Jésus<br>
est une école de l'êtr**e

Jésus nous suggère **d'être dans le monde.**

Cela signifie vivre pleinement dans le movement de la vie, mais en restant fermement ancrés au centre de notre être: l'âme, l'essence, ce que nous sommes réellement au-delà de chaque apparence, de chaque forme et de chaque changement.

*L'âme est l'éternelle liaison avec le Tout.*

Il nous suggère aussi de **ne pas être du monde.**

Cela signifie se souvenir toujours que le monde est simplement une salle de gymnastique pour l'âme: c'est le lieu où l'âme fait ses expériences et s'entraine, l'école où elle étudie.

Quand l'entraînement a donné ses fruits, il est inutile de le continuer. L'étudiant est prêt pour une autre classe. En effet, c'est le monde qui est pour l'âme et non pas l'âme pour le monde, aussi bien que la salle de gymnastique est pour le gymnaste et non pas le gymnaste pour la salle de gymnastique.

Si je suis conscient d'être l'âme et non pas le corps, parce que je ne confonds pas le vêtement avec celui qui le porte, je verrai avec une extrême clarté que

**le monde existe pour être utilisè par moi**
**et moi je n'existe pas pour être possédé par le monde**

La clé d'une vie heureuse, vécue dans l'amour et non pas dans la peur, est celle de tenir toujours compte du fait que

**nous sommes des âmes qui viennent au monde**
**pour apprendre la leçon de l'être**

et que le corps est l'instrument de cet apprentissage.

Il va sans dire que la mort concerne le corps et non pas l'âme et que *la mort représente un drame seulement si nous nous identifions avec le corps.*


Nous nous étions demandés pour combien de temps un homme doit continuer l'expérience sur ce niveau.

Maintenant il est simple de répondre: il doit continuer tant que c'est necessaire, c'est à dire jusqu'à ce qu'il n'a pas compris l'enseignement qui lui est offert ici.

Ensuite, s'il continue, la vie devient survie, c'est à dire une répétition stérile. Il peut être difficile de reconnaître quand l'enseignement d'un niveau est conclu parce qu'il semble offrir toujours de nouvelles possibilités.

Mais, à un certain point, on peut comprendre que ces possibilités, qui semblent nouvelles, en réalité, ne le sont pas. En effet, le niveau est un maître, et quand le maître t'a enseigné tout ce qu'il sait, il ne peut t'offrir rien d'autre. A ce point là, l'homme conscient de soi et de la position rejointe sur son chemin évolutif, dira: *ici il n'y a plus rien à apprendre, je m'en vais.*

Cela dit d'une manière encore plus précise: l'apprentissage sur un niveau est conclu lorsque le sujet a compris la signification de ce niveau-là, parce qu'il s'est mis en harmonie avec les lois qui le gouvernent et le font fonctionner, et il les a pleinement interiorisées.

Cela signifie qu'il vit en les respectant spontanément et librement, parce qu'il a compris qu'elles ne servent pas à empêcher, mais à permettre. Il a compris qu'elles sont le chemin, donné à l'homme, pour réaliser ses rêves au lieu de se limiter à les imaginer.

Il a compris que les lois ne créent pas l'esclavage, comme le croient les esprits rebelles, mais la liberté. Cela c'est un point de grande importance, dont l'approfondissement nous mènerait trop loin. Mais, étant donné que j'ai affronté ce thème dans un livre appelé **Les lois de fonctionnement**, appartenant à la collection *Statale34*, je le conseille à celui qui désirerait l'approfondir.

Qui comprend l'importance des lois, arrive à sentir l'affinité avec l'intelligence bénévole qui est à l'origine des lois et les a crées. Cela lui permet de se sentir fils de cette réalité que certains appellent Vie et d'autres appellent Dieu.

Alors il est prêt pour détourner le regard du niveau horizontal et pour le diriger vers le haut.

On a vu que le déséquilibre, et donc le conflit des opposés, existant sur un niveau, disparaît en montant le niveau vertical de l'être. En continuant à monter se réalises l'extintion graduelle de toutes les guerres. Par conséquent

**le chemin vertical est le chemin de la paix**

Jésus le confirme pleinement  quand il dit (Jean 14,27):

**je vous donne ma paix**
**celle que le monde ne peut pas donner,**
**c'est à vous que je la donne**

Le monde ne peut pas la donner parce qu'il ne l'a pas.

Il ne l'a pas parce que au niveau où l'existence du monde se déroule, cette paix-là n'existe pas.

Pourtant Jésus nous dit que, pour obtenir sa paix nous devons nous adresser à lui, aller vers lui. Étant donné qu'il est en haut et nous sommes en bas, voici qu'aller vers lui signifie monter.

En montant, nous accédons à un niveau plus élevé où sa paix existe et nous pouvons l'obtenir.

Un niveau de l'échelle de l'être a une compréhension complète des niveaux ci-dessous et il transforme en paix ce qui à ces niveaux-là est guerre.

A chaque niveau, pourtant, tout ce qui se trouve au-dessous résulte en paix. Pour désigner la réalité qui se trouve au sommet de l'échelle de l'être, le mot Dieu a été utilisé très souvent.

Pour cela *G.I. Gurdjieff* dans son livre *La vie n'est réelle que lorsque "Je suis"* affirme que

**Dieu est le juste conciliateur de tout ce qui existe**

En Lui tout trouve son sens, sa paix et sa justice.

*Deux mots sur la relation entre les niveaux.*

Le niveau supérieur inclut et comprend le niveau inférieur.

Le niveau inférieur n'inclut pas et ne peut pas comprendre le niveau supérieur. Pour cette raison

**chaque vérité qui provient du niveau supérieur
est presque toujours combattue au niveau inférieur**

Cela arrive parce que le contact avec ce qui vient du haut déchaîne la peur de ceux qui sont attachés à son propre niveau.

Ils comprennent que

## s'ils accueillaient cette vérité,
## rien ne pourrait demeurer comme avant

Ils seraient obligés de changer, tandis que le changement est juste ce qu'ils ne veulent pas. Ils sont encore du monde et ils défendent leur appartenance au monde.

Tout ça fait comprendre pourquoi Jésus a été cricifié et pourquoi, sur la croix, il a été capable de dire:
*Père, pardonne-leur, car ils ne savent ce qu'ils font.*
Il n'avait pas été compris, mais il comprenait.

Mais, il y a la possibilité qu'un individu du niveau inférieur, en entrant en contact avec ce qui descend du haut, ne le combat pas, mais qu'il reste, sans peur, dans une condition d'ouverture qui permet la rencontre. Cela arrive parce qu'il est prêt.
Il a fait une expérience approfondie de son propre niveau et il n'y a rien qui le tient lié à lui.
Il accepte la possibilité qui descend du haut et il voit dans cette rencontre un miracle.

Il est comme un flot de lumière qui, à travers une petite ouverture, entre dans un monde obscur.
L'expérience, à ce moment-là, est tellement merveilleuse que rien de ce qu'il connaît peut être comparé à elle, et l'individu qui la vit, justement, crie au miracle.

## Le miracle est le vécu de celui qui accepte le contact
## avec un événement d'un monde supérieur

Il est évident que cet événement-là, dans le monde supérieur, n'est pas un miracle mais la normalité.

En général

**l'événement d'un monde
est défini un miracle dans un monde inférieur**

Que penserait un ancien romain si nous arrivions à la course des biges au bord de notre voiture?


Il est clair qu'il est stupide de s'interroger sur la possibilité et sur l'existence des miracles, d'autant plus si on les considère des événements qui contredisent les lois de la nature.
Et cependant c'est un thème qui a eu un rôle important dans l'histoire de la  culture occidentale.
Beaucoup de volumes ont été écrits, en continuant, comme disait G.J. Gurdjieff, à *verser du néant dans du vide*.
D'ailleurs si le monde est juste un niveau horizontal, la question sur l'existence des miracles, ne peut avoir une vrai réponse; au contraire, elle aura  deux réponses diamétralement opposées qui s'annulleront réciproquement. En effet, entre les défenseurs et les opposants du miracle, un conflit irrémediable a toujours existé, et il demeure, de sorte que, quand ils se parlent, ils ne se comprennent pas, et souvent, ils ne s'écoutent même pas.

La raison de cela, comme déjà je l'ai dit, réside dans le fait que

**un conflit irrémédiable
tire origine
d'une insuffisance de l'être**

En revanche, si on réussit à concevoir l'idée qu'il existe la direction  verticale de l'être, il est facile de conclure que

**les miracles existent,
et ils arrivent selon les lois de la nature**

et même que

**les miracles sont les moyens de communication
entre les niveaux de l'être**

Cependant, ils ne sont pas contre la nature, mais ils sont prévus par elle.

Le malentendu nait parce que les miracles sont en contraste, non pas avec les lois de la nature, que d'ailleurs nous ne connaîssons pas dans leur totalité, mais avec la connaissance partielle et limitée que nous en avons. En réalitè,

**les miracles sont en contraste avec notre ignorance**

Cela ne devrait absolument pas être un problème, mais une stimulation à la recherche et à une majeure exploration de la réalité. Echanger notre connaissance partielle des lois de la nature, avec les lois de la nature dans leur intégrité, est bien sûr un acte d'arrogance.

Pareillement, échanger le petit monde connu, avec l'immense inconnu, est un acte d'une cécité et d'une ignorance remarquable. Ce sont tous de mauvais fonctionnements de l'esprit humain qui naîssent de la peur et du besoin de sécurité, et ils consistent à remplacer l'inconnu avec le connu, et l'illimité avec le limité. Mais, la sécurité qu'on obtient, est illusoire et débouche dans la naissance de paradoxes et de situations stériles et conflictuelles comme celle à peine décrite.

Approfondir l'argument de la fonction du miracle, nous mènerait très loin et exigerait l'introduction des concepts de la physique moderne. Pour cette raison nous nous limitons à la seule affirmation que

**la source du miracle est la lumière**

Retournons au thème de l'échelle de l'être:

## monter sur l'échelle de l'être
## commence toujours avec la vision du miracle

Plus précisément les expériences au niveau horizontal préparent à monter, parce qu'elles permettent de commencer à concevoir l'élevé, et de regarder vers lui.
A un certain point, le miracle semble arriver. En réalité, il n'arrive pas parce que il y a toujours été présent. Mais, il semble arriver car la vision s'est ouverte, en offrant la capacité de le voir.
*Le miracle arrive pour celui qui le voit pour la première fois.*

Ensuite, la vision du miracle peut se répéter de plus en plus souvent de manière qu'elle devient non seulement le début de la montée, mais aussi la motivation et l'impulsion.
Cela éxplique la phrase de Jésus (Jèan 3,3): *Personne ne peut voir le règne de Dieu s'il ne renaît pas d'en haut.*

Mais, la vision du miracle, peut aussi être perdue.
L'amour, en produisant le courage et l'ouverture, a permis au miracle de devenir visible et de se manifester dans le monde.
De la même façon, la peur, et la conséquente fermeture, peuvent faire disparaître le miracle en le rendant invisible.
Cela est décrit parfaitement dans l'Evangile (Matthieu 14,26) quand Jésus se promene sur l'eau

*A la quatrième veille de la nuit,*
*Jésus alla vers eux, marchant sur la mer.*
*Quand les disciples le virent marcher sur la mer,*
*ils furent troublés, et dirent: C'est un fantôme!*
*Et, dans leur frayeur, ils poussèrent des cris.*
*Jésus leur dit aussitôt:*
*Rassurez-vous, c'est moi; n'ayez pas peur!*

*Pierre lui répondit:*
*Seigneur, si c'est toi, ordonne que j'aille vers toi sur les eaux.*
*Et il dit : Viens!*
*Pierre sortit de la barque, et marcha sur les eaux, pour aller vers Jésus.*
*Mais, voyant que le vent était fort, il eut peur; et, comme il commençait à enfoncer, il s'écria: Seigneur, sauve-moi!*
*Aussitôt Jésus étendit la main, le saisit, et lui dit:*
*Homme de peu de foi, pourquoi as-tu douté?*

Les disciples se trouvent face à l'événement, inconnu et inconcevable, d'un homme qui se promène sur l'eau.

C'est un miracle, et pourtant ce qui pour eux existe, à ce moment là, est seulement la peur.

Ils aiment Jésus, mais *la peur prend le dessus sur l'amour*, de sorte qu'ils ne sont pas même capables de reconnaître le maître.

Jèsus les rassure et les invite à n'avoir pas peur, mais du courage.

Pierre y réussit et comme ça il a la vision.

A cet instant-là pour Pierre

**s'ouvre la porte de la vie,
la porte d'une dimension sans limites ni temps
où ce qui existe est la Possibilité**

Il sort du monde de la survie et *il entre dans la Vie parce que il conçoit l'inconcevable.*

Il conçoit qu'on peut se promener sur l'eau; comme cela il peut voir Jèsus qui le fait, et il considère pouvoir le faire lui aussi.

L'amour est grand et la peur est absente, et donc il décide de rejoindre le maître qui lui dit: "Viens".

Le maître dit "Viens", et il va.

Ainsi il vit le miracle de se promener sur l'eau parce que la vision s'est transformée en réalité.

Pierre n'a pas seulement vu, mais il a choisi, décidé et fait.

S'il avait eu la foi, c'est à dire s'il était resté fidèle à la vision, il aurait rejoint le maître et il aurait été où il était.

Cette promenade sur l'eau est un movement horizontal du point de vue physique, mais vertical du point de vue de l'être.

Mais, ensuite, lorsqu'un événement externe accompli que la peur domine, en un instant, l'amour est oublié et la vision disparaît.

Le monde nouveau, à peine entrevu, se dissout comme un mirage. Pierre sort du monde de la vie et retourne à celui de la survie et il implore le maître de le sauver.

Avant, il demandait de se promener sur l'eau, maintenant, d'être sauvé.

Le passage de l'amour à la peur, de la richesse à la misère, de la possibilité à la limite est évident.

Jésus le sauve mais il lui reproche: *Homme de peu de foi, pourquoi as-tu douté?*

Cette dernière phrase, grâce au contexte où elle est insérée, nous fait comprendre que la foi n'est pas, comme on croit comnunément, une forme de cécité qui bannit le dissentiment, qui censure chaque doute, et qui ne permet rien d'autre qu'elle même.

Celle-là n'est pas la foi, mais un mélange entre l'ignorance et la peur.

### La foi c'est la fidélité à la vision

C'est la capacité de conserver la vision, acquise dans un moment de grâce, d'ouverture miraculeuse, et de rester fidèles à elle, sans se laisser prendre par la peur quand on est devant les difficultés.

Si la peur prend possession du monde des émotions, le doute se rend maître de l'esprit, et la vision disparaît.

Cela signifie que le doute peut détruire la vision, mais non pas que la foi inhibe le doute.

Simplement

**la foi n'est pas une croyance
mais une vision**

pour cela

**la foi surpasse le doute
parce que qui a la foi, voit profondément,
et ne doute pas de ce qu'il est en train de voir**

Au contraire, celui qui ne voit pas, c'est à dire qui n'a pas de foi, doute de tout ce qu'il ne voit pas compris ce qu'il avait vu avant.

Voilà pourquoi, dans les livres sacrés de presque toutes les religions, acquérir, perdre et retrouver la foi est symboliquement indiqué avec acquérir, perdre et réacquérir la vue.

Nous pouvons alors revoir l'idée qu'on a normalement de la foi, et affirmer que

**la foi n'est pas une croyance aveugle et obtuse,
mais une vision profonde et permanente
au delà des apparences**

# *Conclusion*

Le thème initial du déséquilibre a servi de prétexte pour développer de nombreuses considérations, peut être un peu désordonnées, mais qui se développent à des niveaux différents.

Grâce à eux, nous pouvons dire deux mots conclusifs sur le déséquilibre, même si, à ce point-là, ils résultent totalement évidents.

*L'homme vit le déséquilibre parce qu'il est dans le déséquilibre.*

A l'intérieur de cette modalité il n'y a pas de solution parce que quelque soit l'action faite dans le déséquilibre elle ne fera rien d'autre qu'augmenter le déséquilibre lui-même.

En revanche, la solution est dans le changement de l'être, c'est a dire le déplacement vertical que l'on fait quand on recherche sincèrement, courageusement et incessamment la Vérité et par amour pour elle on engage sa propre vie.

# Chapitre 7

# *La nature du jeu*

# La nature du jeu

**L'origine de chaque chose est appelée Créateur
Le Créateur crée le jeu et les joueurs**

Il génère les joueurs à partir de lui-même et donc il en est le père.
Les joueurs, étant engendrèes de la substance du père, sont creées à son image e à sa resemblance.
Du créateur ils reflètent la perfection, mais ils n'en ont pas la conscience et la compréhension totale qui, en revanche, appartiennent seulement à Lui.
Chacun possède un fragment de conscience du Tout, et peut évoluer, en élargissant ce fragment.

**L'évolution c'est l'évolution de la conscience.**

Les joueurs, en se mettant en oeuvre dans le jeu, intéragissent entre eux et

**ils explorent la grandeur de la création
en reconnaissant l'affinité entre eux
et avec celui qui les a générés**

Dans le déploiement du jeu ils se reconnaissenent, de plus en plus, comme des fréres et les fils du Père.

Le jeu les conduit, étape par étape, à retourner au sein paternel en entrant dans l'union entre eux et avec Lui. Ainsi ils arrivent à une compréhension, de plus en plus étendue, du Tout et de la Vie.

Le jeu, en latin, est appelé **VITA,** mot composé des initiales des noms des élements qui bougent et se combinent incessamment en elle:

**V**entus (air), **I**gnis (feu), **T**erra (terre) et **A**qua (eau)

Le jeu de la vie forme un tout, parfait comme celui qui l'a créé.

Nous pouvons l'imaginer comme *une sphère du rayon infini.*

*Rien ne peut y être ajouté*: on ne saurait pas d'où le prendre.

*Rien ne peut y être enlevè:* on ne saurait pas où le mettre.

Le jeu ne peut pas être modifié, *il peut selement être joué.*

Étant donné qu'il se déroule dans le temps et dans l'espace, il peut être joué à des vitesses différentes, dans des lieux différents et en affrontant les nombreuses étapes dans un ordre différent.

Il doit être joué de toute façon dans toute son intégrité.
Pour cette raison, même s'il semble qu'ils existent beaucoup de jeux, en réalité, le jeu est unique du moment où tous les jeux forment un seul jeu.

Entre les joueurs que Dieu a créé il y en a deux qui jouent un rôle spécial. Ces sont des joueurs comme les autres, mais c'est leur rôle qui est spécial.
Ils sont le conducteur ou le gardien, et le séducteur ou le saboteur.

Le *gardien-conducteur* est le garant du jeu et il s'engage à conduire le jeu en respectant les instructions données par le créateur.

Les intructions du jeu s'appellent Vérité.

134

Le gardien-conducteur est le maître de la Vérité; il montre que

**chaque chose est une vérité
et que toutes les vérités
sont une seule Vérité**

*Son chemin est le chemin qui mène à l'unité.*

La paix et la liberté sont ses fruits.

Par-dessus tout le conducteur essaye d'éviter la destruction du jeu, deuxièmement il essaie de conduire un jeu le plus rapide possible, plein de joie et d'amour.

Les vertus qu'il manifeste et dont il donne l'exemple sont: la capacité de maintenir une direction, la fidélité à soi-même, la persévérance et, surtout, l'amour pour la vie, la vérité et le Tout.

**Le conducteur met à profit le temps:
le chemin par lui indiqué
c'est le chemin vers l'immortalité.**

Le but du *saboteur-séducteur* est celui d'interdire le déroulement du jeu.
Il essaye de toute façon de détourner les joueurs des instructions du jeu (*Véritè*) en les attirant dans d'autres directions à travers la séduction.

Le sabotateur-séducteur est maître de mensonge.

*Son chemin est le chemin qui mène à la séparation.*

La guerre et l'esclavage sont ses fruits.

Étant donné que dans la perfection de la création rien de faux existe, il faut comprendre que

**le mensonge consiste
à mettre une vérité contre l'autre**

Le séducteur détourne le joueur du chemin vers la Vérité en lui faisant croire une vérité plus gratifiante, plus vraie, plus belle, plus agréable, plus juste.
Cela naturellement est illusoire car la Vérité est une seule, mais de cette façon, il réussit à générer en lui le refus pour le jeu et à réduire son désir de participation.

Le joueur, tellement séduit, commence à remplacer l'illusion à la réalité, le besoin à l'amour, le manque à la plénitube, le plaisir au bonheur, le mensonge à la Vérité, le moi à Dieu.

À ce point-là le jeu commence à ralentir et la Vie devient, de plus en plus, une survie.
En poursuivant sur ce chemin, le joueur crée à son tour la désharmonie et la guerre, mais le mensonge le menèra à attribuer tout cela aux comportements des autres et non pas à lui-même.
Il se sentira uncompris, mais juste parce-qu'il a arrêter de comprendre, non pas aimé, mais juste parce qu'il a arrêté d'aimer, abandonné, mais juste parce qu'il a abandonné le jeu.
Il pensera être victime d'une injustice parce qu'il n'est pas compris, respecté, aimé.
Il ne serait pas impossible pour le joueur de s'apercevoir de l'erreur où il est tombé: il lui suffirait de se rappeler que Dieu ne peut pas être injuste, ne peut pas ne pas comprendre, ne peut pas ne pas respecter, et ne pas aimer.
Il lui suffirait d'analyser, d'une manière impartiale, sa vie et ses relations pour voir combien de possibilités il est en train de détruire.

136

Il est pour lui difficile puisque la justification, le jugement, les certitudes et les convictions interviennent pour lui empêcher la vision de la réalité et tout simplement la reconnaissance des faits les plus évidents.

*C'est ça la façon dont le séducteur nous mène à gaspiller le temps.*
S'il réussit, il atteint son plus grand but: la destruction du jeu de la vie.
Le chemin par lui indiqué c'est donc le chemin vers la mort.

Toutefois cette destruction ne réussit pas pleinement, car, même sur le chemin de la mort, le joueur connaîtra lui-même, en retournant, de toute façon, à la source. Simplement le chemin qu'il a choisi est plus long et plein de douleur.

*Le conducteur et le séducteur sont, pour le joueur, simplement les routes d'une bifurcation. La bifurcation constitue, à chaque instant, la possibilité du choix et le choix est la prérogative à travers laquelle la conscience se développe.*

Soit le gardien-conducteur, soit le sabotateur-séducteur font partie du jeu et sont tous les deux totalement au service du créateur.

# *Rêve*

Ce rêve, qui m'avait été confié par une amie, peut être un témoignage utile.

En effet, il repropose, d'une manière indépendante, dans le langage typique des rêves, intuitif et symbolique, le thème que nous avons à peine traité.

*Dans le rêve, je me trouve avec un nombre élevé de personnes autour d'une table très grande où il y a un homme qui conduit un jeu. Le conducteur a un papier dans ses mains où une étoile et un soleil sont dessiné.*

*Devant lui il y a deux personnes: **X** et **Y**. Il remet le papier à X et lui demande d'observer l'étoile et de la décrire. X décrit l'étoile et après il donne le papier à Y qui se trouve à sa droite.*

*Le conducteur demande à Y de parler du soleil. Y commence à en parler, et sa description transmet à tous les présents des émotions profondes: enthousiasme, chaleur, joie et amour.*

*Tout à coup Y est distrait par une autre figure qui se trouve dans le dos de la feuille, et c'est un autre soleil. Alors, toujours en continuant de parler, il tourne le papier et il s'inspire de ce soleil-là, en faisant, entre autre, remarquer qu'il le préfère à celui précédent.*

*Le conducteur, en maintenant une certaine distance, lui tourne le papier et l'invite à reprendre la descricption initiale.*

*Y s'agite et demande pour quelle raison il devrait faire une chose tellement insensée, parvu qu'il s'agit toujours d'un soleil, et qu'il préfère l'autre. Et ainsi il commence une polémique  insistente et désagréable. Je l'interromps en lui disant:"Cette discussion ne nous intéresse pas, maintenant; ce qui nous intéresse c'est que tu recommences à parler du soleil".*

*Je remarque combien ma phrase cause chez Y une agitation encore plus forte, à tel point qu'il ne réussit plus à s'arrêter et il continue sa polémique, sans plus se contenir.*

*Dans le rêve, je m'aperçoit être détaché et de me retrouver à réfléchir sur combien le mécanisme que nous venons d'observer, se manifeste en chacun de nous, et combien souvent nous en restons victimes.*

*Le conducteur reste en silence, impassible, et cela provoque chez Y une plus grande rage.*

*J'interviens de nouveau en lui disant que le conducteur lui a demandé de parler du premier soleil.*

*Il avait commencé à le faire, tandis que maintenant il est en train de montrer un autre soleil qui n'est pas celui dont il avait la tâche de parler.*

*Je lui suggère aussi de s'observer, à ce précis instant-là, et de remarquer le mécanisme de l'égarement où tout le monde tombe souvent.*

**Je réfléchis***: Y a vu un autre soleil et s'est reconnu dans celui-ci, peut être parce qu'il lui a rappelé un passé heureux, ou simplement parce que pour lui il etait plus beau.*

*Comme ça il s'est éloigné du soleil initial pour s'adresser à celui qui, maintenant, il préfère, pleinement convaincu de pouvoir mieux s'exprimer.*

*En réalité il était déjà en train de s'exprimer d'une manière parfaite, en harmonie totale avec son sentiment le plus profond, pendant que, ensuite, étant entré dans la polémique, il avait changé d'attitude et il etait entré, inconsciemment et brusquement, dans une énergie très lointaine soit du soleil initial, soit de celui qu'il aimait le plus.*

*En effet, quand Y reprend à parler de son soleil, il ne réussit plus à rien dire et reste en silence: probablement il est pénétré par un sens d'injustice et, en ne voyant pas rien d'autre, il ne réussit plus à se réunir avec sont sentiment.*

*Ce qui maintenant l'enveloppe c'est une énergie très forte e très désagréable, qui crée en lui même un sentiment de rage.*

*Il ne voudrait d'aucune façon le sentir, parce qu'il est associé à un insupportable sentiment de culpabilité.*

*Ce sont toutes des émotions q'il ne réussit pas à dominer, mais que, de toute façon, elles sont en lui: un simple jeu a réussi à les révéler.*

**Vue de l'extérieur la scène est complètement différente.**

Pendant un instant Y a été dans le flux du jeu, en suivant la direction choisie par lui.
Ensuite quelque chose à l'extérieur, grâce à une faiblesse à l'interieur, l'a seduit et mené ailleurs.

Comme ça il a oublié le jeu, le choix qu'il avait fait, ses accords avec le conducteur et avec ses camarades de jeu, mais ce qui importe le plus c'est qu'**il a oublié lui-même**.

Quand quelqu'un lui montre qu'il a perdu sa direction, il a désormais créé une grande distance et il ne réussit plus à recuperer sa tranquillitè et à percevoir le choses comme avant. Et puisqu'il a créé la distance inconsciemment, il est convaincu que ce sont les autres qui se sont éloignés de lui.

Il a oublié que, jusqu'à peu de temps auparavant, il était serein et heureux parce que, pendant qu'il parlait du premier soleil, il était inspiré et en union totale avec son âme.

Il n'a pas compris qu'il n'avait besoin de rien d'autre sauf de continuer à demeurer dans cette liaison.

# *Conclusion*

Il est vrai qu'il y a beaucoup de soleils et que chaque homme peut avoir une préfèrence, mais quelquefois, la vie nous offre des jeux ou des expériences, ou des circonstances, qui peuvent sembler absurdes ou injustes, mais qui sont nécessaires pour *nous rappeler de l'existence de la Vérité.*

Elle est unique, mais nous ne réussissons pas à l'observer dans sa totalité. En effet, nous l'observons toujours d'un point de vue: le point où nous sommes. Pour cela nous en voyons une petite partie, un fragment. Cela arrive toujours et à chaque homme.
Si nous ne pouvons pas voir la Vérité, nous pouvons penser encore moins de la posséder.
Cependant beaucoup d'hommes le pensent.
Ce qui, en revanche,  nous possédons réellement, c'est notre point de vue, notre petite vérité, notre vision partielle de la Vérité, mais, d'aucune façon, la Vérité elle-même. En effet

### la Vérité c'est la vision qui inclut tout ce qui existe

Il suffit que la vision exclue une seule chose pour n'être plus la Vérité, mais un point de vue, étendu autant qu'on veut, mais toujours et seulement un point de vue.

### La Vérité qui inclut tout ce qui existe, ne peut pas être contenue dans l'esprit humain

*L'infini ne peut pas être contenu dans la limite.*
Mais la limite peut être dépassée continuellement de manière que notre point de vue, en devenant de plus en plus inclusif, s'approche de plus en plus de la Vérité.

Nous ne devrions, donc, jamais retenir notre point de vue, la Vérité.

Faire cette erreur cause une grande quantité de conflits avec nos semblables et avec nous-mêmes.
En effet, en entrant en contact avec les autres êtres humains, nous sommes en brouille avec eux et ils deviennent pour nous des ennemis en tant que négateurs de la Vérité.

Ce sont des ennemis extérieurs, mais, l'erreur décrite, produit même des ennemis intérieurs. En effet, notre point de vue n'est pas constant mais muable, si bien que, nous sommes en brouille avec les points de vue que nous avons eu dans le passé et avec les points de vue que nous avons maintenant dans des circonstances différentes. Et comme ça

**l'idée que la Vérité puisse être possédée,
produit la division entre les hommes
et en chaque homme**

Nous pouvons conclure que

**chaque point de vue est vrai
mais ce n'est pas la Vérité**

En regardant les choses et les événements du monde nous pourrions dire que
**il n'y a aucune Vérité**

De cette façon, le concept est exprimé d'une manière négative, mais peut être reformulé en termes affirmatifs, et pourtant opérativement plus utiles, en disant que

**tout ce qui existe est une vérité**

142

On peut comparé la Vérité à un diamant.

Le diamant a beaucoup de faces mais qui ne peuvent pas être vues toutes en même temps.

De chaque coin, il est possible d'acquérir un point de vue, voir une facette.

Quelque que soit la faccette que nous sommes en train de regarder, ce que nous voyons c'est certainement le diamant, mais pas le diamant tout entier.

La vision du diamant peut être reconstruite en liant les visions de toutes les facettes.

*Notre participation au jeu de la vie exige donc de*

*- **développer de bonnes aptitudes de communication** qui nous permettent de copartager notre point de vue avec les autres*

*- **développer la réceptivité** qui nous permet de prendre en considération et d'accueillir les points de vue des autres*

*- **produire la compréhension** qui est la capacité d'unir des points de vue différents en les fondant en une seule vision.*

***Si nous faisons cela continuellement nous nous approchons, de plus en plus, de la vision globale, c'est à dire de la Vérité.***

# Chapitre 8

# *Apprendre à partir des rêves*

# Apprendre
# à partir des rêves

*Est-il possible d'apprendre à partir des rêves?*

L'homme moderne attribue aux rêves une importance modeste.
Il voit en eux des fantaisies, quelquefois amusantes, quelquefois
inquiétantes, mais qui ont toujours peu de rapport avec la réalité.
Le fait même que, dans les rêves, des choses impossibles arrivent
n'est pas lu comme un aiguillon à explorer de nouvelles voies,
mais comme une ultérieure confirmation de leur irréalité.
L'intérêt pour le rêve surgit quand, en suivant la tradition
populaire, on lui attribue la capacité de conjurer des malheurs,
d'attirer la fortune, de réaliser des gains.
Dans le quotidien, le rêve reste sans utilité et signification: on
s'en rappelle, pour un instant, au moment du réveil, mais ensuite
la vie continue sans en tenir compte et ainsi on l'oublie
définitivement.

Les sciences se sont occupées de rêves en les etudiant sous leurs
aspects psychiques et physiologiques.
Les connaissances obtenues sont importantes et les théories
élaborées sont nombreuses, toutefois, par leur nature, elles
concernent plus la fonction que la signification, et donc nous
aident trés peu à répondre à  notre question.

La conviction que les rêves sont des élaborations fantastiques,
privées d'utilité pratique, naît dans la Rome antique à cause du
caractère fortement pragmatique de la culture du temps, qui en
outre, tendait à voir dans les rêves, et un peu en tout ce qui était
abstrait, une menace pour l'empire.

Dans les temps les plus anciens, ou dans d'autres aires géographiques, au contraire, on attribuait une grande importance au rêve qui avait un poste d'honneur dans l'art, dans les légendes, dans les mythes et dans les religions.

Le rêve contenait quelquefois la prémonition des événements futurs, d'autres fois, il était interprété comme une rencontre avec les défunts, avec les aïeux, ou avec les dieux qui, de cette façon, montraient aux hommes, leur propre volonté.

Dans la Bible l'importance des rêves est immense et souvent ce sont les anges qui entrent en contact avec l'homme.

Deux apparitions en rêve à Joseph sont particulièrement significatives: la première fois pour l'exhorter à n'avoir pas peur d'épouser Marie, la deuxième pour lui donner l'ordre de fuir en Egypte avec son épouse et l'enfant.

Les artistes et les scientifiques qui déclarent avoir rêvé leurs oeuvres et leurs découvertes sont nombreux.
L'écrivain **R.L.Stevenson** vit en rêve son célèbre roman: *L'étrange cas du Dr Jekyll et de Mr Hide*.

**Schumann** et **Wagner** eurent en rêve les intuitions et les idées musicales dont nacquirent certaines de leurs compositions.

Le scientifique russe **D.Mendeleev** contempla en rêve son célèbre *tableau périodique des éléments*.

Nous ne citerons pas d'autres exemples, étant donné que la liste des rêves importants, témoignés dans l'histoire, est immense.
Les sources ne manquent pas, et qui voudrait les approfondir, peut le faire facilement.

Nous observons seulement qu'à partir témoignages naît l'idée qu'il y a des rêves capables d'imprimer une direction, nouvelle et inattendue, dans des situations individuelles, collectives et, tout bonnement, dans l'histoire. Beaucoup de rêves nous fournissent des indications providentielles dans des situations de danger; d'autres ouvrent des portes normalement fermées; d'autres encore aident à concevoir l'inconcevable.

Dans le *Talmud* hébreu on affirme que ***ne pas interpréter un rêve est comme ne pas lire une lettre importante qui nous est adressée.***

Dans le livre *Le prophète* de l'écrivain libanais *K. Gibran* nous lisons: ***ayez foi en vos rêves, car en eux se cache la porte de l'éternité.***

Il s'agit d'affirmations significatives qui voient dans les rêves quelque chose de précieux et lui attribuent un rôle fondamental dans l'existence humaine. Mais, ils sont stériles s'ils restent limités dans le cadre de la théorie et de la culture, en laissant que le rêve soit pratiquement inutilisé.

En revanche, il est important de réussir à leur donner une signification existentielle, concrète et opérative, de manière que chaque rêve devienne une opportunité tangible pour notre vie.

La même considération s'applique à chaque réponse que nous donnons à notre question initiale.

Comment la vérifier de manière qu'elle se remplisse d'une signification réelle, non seulement théorique, mais aussi utile pour la vie?

Comment éviter qu'elle soit uniquement une connaissance qui produit une autre connaissance, une connaissance dont la valeur naît dans le monde de la connaissance et se conclut, toujours et seulement, dans ce monde-là?

Quand une connaissance s'épuise dans l'optique de la connaissance, elle est morte.

Mais, si elle est vérifiée par l'expérience, alors elle vit et devient capable de stimuler ed de générer de nouvelles connaissances et de nouvelles expériences.

Il est donc nécessaire que notre question, abstraite et générale, devienne directe, pratique et personelle, de manière qu'elle exige une réponse existentielle.

Nous la reformulerons comme ça:

*Est-ce que je peux apprendre à partir de mes rêves?*

Si je commence à le faire et je le fais intentionnellement, plusieurs fois et constamment, alors, et seulement alors, je peux donner une réponse affirmative.

La réponse obtenue

**est vraie pour moi et elle est vraie dans ma vie:
c'est ma vérité
parce que c'est un point de vue par moi expérimenté**

Une fois que j'ai vérifié que j'apprends à partir de mes rêves, je peux conclure qu'*il est possible d'apprendre à partir des rêves.* Même cette conclusion est exclusivement la mienne: elle est vraie pour moi et non pas pour les autres.

Ce n'est pas une explication inutile, parce que, chez l'homme, la tentation de rendre absolue sa propre expérience est très forte et c'est la cause d'innombrables formes de violence.

Il est important que je ne tombe pas dans l'erreur de **confondre la Vérité** avec ce qui est simplement **ma vérité**.
Si je le faisais, je serais obligé de considérer des **ennemis de la Vérité** tous ceux qui n'ont pas vécu mon expérience et je devrais entreprendre  et **combattre une croisade au nom de la Vérité**.

Si un autre considère sienne ma vérité, il se trompe parce que  ce dont il a pris possession, ce n'est pas ma vérité, mais juste la théorie qui en est à l'origine.

Pour transformer cette théorie en l'une de ses vérités, il doit, lui aussi, faire son chemin d'expérience et de vérification.

Dans les pages suivantes, je me propose de montrer le chemin suivi par moi pour répondre à la question: *est-ce que je peux apprendre à partir de mes rêves?*

Cela constitue juste un exemple. D'autres peuvent s'en inspirer pour l'un de leur parcours qui pourra avoir des modalités très différentes et, peut être, quelques aspects en commun.

La recherche  expérimentale d'une réponse à cette question, pour moi, s'est déroulée, et se déroule encore, en trois phases:


*Photographier le rêve*

*Se rappeler, lier et interpréter*

*Découvrir la signification*

## Photographier le rêve

Si le rêve est oublié, difficilement il pourra être récupéré. En effet, même si ensuite il nous revient, de nombreux aspects seront perdus.
Le premier objectif est celui de photographier le rêve, c'est à dire de le fixer, de le conserver et de le présever dans son intégrité.
Le souvenir est vif au moment du réveil, après il se dégrade très rapidement.
Pour cela il est important de tenir sur la table de nuit un carnet ou un magnétophone et, à peine réveillés, avant d'effectuer une autre action, écrire ou enregistrer.
Au début il est facile d'oublier et permettre que l'attention s'adresse automatiquement à d'autres choses, mais ensuite, avec l'habitude, il deviendra de plus en plus facile, de l'éviter.
Le rêve doit être décrit de la façon la plus fidèle possible, en résistant à la tentation de résumer ou d'écarter des détails qui nous semblent insignifiants.
Dans cette phase, le rêve ne doit pas être interprété, mais juste fixé avec la plus grande précision.
Si on a fait un enregistrement audio, il est important de l'écrire le plus tôt possible.
Une raison réside dans le fait que, en écrivant, on acquérit une majeure connaissance des contenus, une autre raison est que le document écrit sera un valable instrument de travail.


## Se rappeler, lier et interpréter

Il est utile d'apporter le document avec nous pendant la journée de manière à avoir la possibilité de le relire.

Il devra être relu au moins le soir avant de s'endormir.

Pendant la lecture, de nouveaux details pourront surgir; des liaisons avec d'autres rêves, ou faits réels de la vie, plus ou moins récents, et parfois oubliés, pourront émerger.

A un certain point, des intuitions sur la signification de certains détails surviendront: ce sont des interprétations fragmentaires qui s'amplifieront progressivement.

Cela démontre que le rêve, dans l'inconscient, vit une propre vie et a une maturation, une révélation progressive. Plus l'attention que le rêve reçoit pendant nos refléxions quotidiennes est grande, plus cette maturation sera rapide et important.

Dans le temps. on assistera à la naissance d'une ou de plus interprétations du rêve entier.

Tout ce qui émerge doit être ajouté fidélement au document.

Quand nous relirons l'écrit à différents moments, nous verrons nos interprétations changer, se dégager du conditionnement des croyances, s'affiner, acquérir la liberté et s'unir ensemble.


**Découvrir la signification**


Les interprétations, en se fusionnant et en se perfectionnant, arriveront à former un tout organique très explicite et très essentiale. Quand il constitue

> **un message qui parle profondément de nous**
> **et que nous sentons avec tout notre être,**
> **nous avons découvert la signification du rêve**

Ce n'est certainement pas une signification immutable, mais une signification actuelle qui nous montre exactement notre position et notre orientation dans la vie.

Elle nous rend conscients du lieu vers lequel nous sommes en train d'aller et elle nous demande si c'est là que nous voulons vraiment aller.

D'ailleurs c'est ça la *fonction du rêve* :

**nous rappeler à nous mêmes,**
**nous montrer les scénarios possibles pour notre vie,**
**en nous mettant devant la possibilité**
**du choix et du changement**

En substance, le rêve a un but évolutif et libératoire parce qu'il nous pousse vers des choix de vie conscients.

Le compte-rendu des trois fases décrites constitue un document, auquel nous pourrons donner un nom qui l'individue et le rend disponible à des moments succesifs de notre vie.

Les documents qui concernent les différents rêves pourront être recueillis dans un *journal des rêve*s qui se révélera précieux.

Avec le but de donner un exemple de la modalité du travail illustrée, j'ai prélevé de mon *journal des rêves* le document intitulé *Renaissance* que je reporte ensuite.

Étant donné qu'il parle d'un travail qui a duré quelques semaines, il a été résumé dans ses phases essentielles, en négligeant la chronologie et tous les passages intermédiaires.

# *Renaissance*

## Photographier le rêve

C'est dimanche matin et il est 7 h.
Ces observations sont la photo d'un rêve trés clair à peine arrivé.

Dans le rêve, je rencontre un garçon qui joue de la guitare et me demande des conseils pour devenir un guitariste de Jazz.
Il me donne une très bonne impression, toutefois le dialogue avec lui se révèle, dés le début, plutôt difficile. Il semble être bouleversé dans son monde: un monde avec peu d'ouvertures, caractérisé par l'émotivité et par un état d'inquiétude et de tristesse.
Il y a un changement de scène.
Je suis assis devant la table d'une salle de réunion.
En face de moi s'assied le garçon pendant qu'à côté il y a d'autres personnes, douze pour être précis. Nous sommes là réunis pour affronter le problème du garçon et pour donner une réponse à ses questions.
Il commence par une question confuse, concernant des détails sans importance.

Je commence à lui répondre avec l'intention de construire un parcours étendu, qui lie les différents aspects de la question proposée, pour arriver après au coeur de la question et donc d'élaborer avec lui une réponse.
J'ai dit juste quelques mots quand il m'interrompt avec une autre question, confuse comme la précédente et aussi insignifiante.
Il me semble qu'il a une grande inquiétude, un dérangement de l'attention et une grande difficulté d'écoute.

Les assistants sont perplexes et un peu intrigués: il est clair pour tout le monde que comme ça on ne va nulle part.

Je lui demande s'il se sent capable de m'écouter en silence pendant quelques temps, en me suivant attentivement, même quand il lui semble que ce que je dis n'a rien à voir avec ce qu'il veut savoir. Il me répond affirmativement et, en effet, il respecte son engagement.

Je commence en parlant de l'importance de la claireté, de sa nature et comment l'obtenir. Je continue en parlant de la force et de la valeur que la claireté donne à nos actions et du fait qu'un but clair et stable imprime une direction à notre action, il la valorise et produit une solide orientation de la vie.

Après avoir developpé ces thèmes de façon exhaustive, je conclue en soutenant la nécessité d'arriver à élaborer un programme d'actions claires, concrètes, bien détaillées et organisées, même si, naturellement, toujours modifiables.

Enfin, il me semble que l'explication ait été efficace; peut être parce qu'elle s'est déroulée sans jamais utiliser l'instrument de la négation.

En effet, elle a commencé à un niveau très abstrait, aprés elle a recueilli autant d'aspects possibles, en assignant à chacun  sa collocation, et en reconnaissant sa valeur et sa définition.

Aprés elle est descendue plusieurs fois en entrant de plus en plus dans le concret.

Chaque difficulté de compréhension ou chaque dissentiment, exprimé par les personnes, a été accueilli er réelaboré grâce à des références appropriées et de simples exemples.

Enfin on perçoit

**une totale syntonie du groupe des  présents,
comme une seule vibration
tandis qu'une grande harmonie règne partout**

Cela me permet de cueillir les contributions, les idées et les propositions individuelles. Le tout arrive dans la paix et dans la plus grande sérénité puisque

**personne ne pense devoir rien montrer à personne
et on n'a pas besoin de prévaloir sur les autres**

C'est la conséquence du fait que tout le monde, d'une manière totale et prioritaire, a choisi le but d'aider le garçon, comme ça

**quelque soit la peur, l'insécurité ou le jugement,
elle a disparu parce que perçue comme insignifiante**

Cette situation rend possible l'élaboration d'un programe très pratique et concret, totalement élaboré et copartagé par les présents.

Il confère de la solidité, du concret et de la réalité à tout le travail fait.

On a à peine terminé la rédaction du programme, quand tout à coup et inopinément,  se produit

**un long silence, très riche et intense,
un sentiment d'accord et de partage, d'union et d'intégrité
comme si tous les présents constituent une seule personne**

Il est clair pour tous qu'un point de départ s'est crée et que nous sommes au début d'une nouvelle possibilité, d'un nouveau chemin.
À ce moment-là je me réveille.


**Se rappeler, lier et interpréter**

Pendant les journées suivantes il m'est devenu de plus en plus clair que les deux protagonistes du rêve c'était Moi: le garçon ma partie confuse bouleversée dans le quotidien et dans le flux de la vie, et l'autre, la partie mûre, plus liée à la vraie signification des choses.

Un événement important est arrivé de nombreux jours plus tard, quand la conscience de comment une part peut conduire l'autre a émergée, c'est à dire que

**nous pouvons être les maîtres de nous mêmes**

Naturellement la musique symbolisait la vie, et le son de la guitare jazz, représentait l'une des infinies façons de la vivre.

En substance la suggestion du rêve était celle d'enseigner à moi même, pour ma vie, ce que dans le rêve j'avais enseigné au garçon pour sa musique.

Comment ne pas accueillir cette suggestion?

Dans le rêve j'avais suggéré au garcon

*Examine ta condition, ton état et les attitudes que tu appliques dans ta vie.*
*Demande toi: continuer ainsi où cela conduit-t-il?*

*Pose-toi la question essentielle: quel est mon but? Qu'est-ce qui m'importe vraiment?*

*Produis un chemin pour transformer ta condition et pour la faire retourner en harmonie avec ton but, pour déplacer ta vie, d'où elle est, jusqu'où tu voudrais qu'elle arrive.*


## Découvrir la signification

Aprés une période plus longue, les réponses aux suggestions du rêve, sont emergées, avec claireté, du plus profound de moi.

*Examine ta condition, ton état et les attitudes que tu appliques dans ta vie. Demande toi: continuer ainsi où cela mène-t-il?*

La mienne est une condition d'une partielle désorientation dont je perds souvent la présence et j'oublie moi-même.
C'est cela un état de faiblesse qui, quelquefois, me fait tomber dans un profond désappointement pour ce qui arrive dans le monde et pour la souffrance que je vois partout, de plus en plus, même au près de mes proches. Tout cela ouvre la porte à des moments de tristesse, à des émotions et à des pensées négatives. De cette façon, les actions deviennent souvent inconcluantes et le temps s'écoule de manière improductive.

C'est une brèche dans mon intégrité qui pourrait ouvrir, de plus en plus, la porte à la négativité et m'affaiblir ultérieurement.
A l'origine de cet état il y a le fait que, pour des épisodes différents, je me suis senti profondément et violemment touché dans certains des biens les plus importants de mon existence. Je n'ai pas réussi à éviter de vivre le tout comme une injustice, en alimentant, en même temps, les inquiétudes pour l'avenir.

Il s'agit d'attitudes nuisibles, qu'au lieu d'aider à comprendre les problèmes, elles contribuent à les aggraver. Elles font partie de ces attitudes de fragilité qui semblent amoureuses, mais en réalité ne le sont pas. En effet, elles nous rendent faibles et appauvris et donc incapables de soutenir les autres.

*Comment est-ce qu'une personne peut donner du soutien si elle pense elle-meme avoir besoin de le recevoir?*

**Le véritable amour nous pousse à renaître,
parce que seulement ainsi nous pouvons être utiles
à ceux que nous aimons**

De cette façon, en soutenant l'autre, nous nous soutenons nous mêmes, et en s'auto-aidant, nous devenons, de plus en plus, capables d'aider l'autre.
Cela signifie que

**plus grand est notre amour
plus grande doit être notre force**

Un aspect de mon état actuel c'est que, même si je suis dans cette condition que je pourrais définir partiellement passive, les intuitions et les perceptions n'ont absolument pas diminuées.
Cela signifie que, puisqu'elles ne sont pas encore devenues realité, il arrive que ma structure résulte obstruée.

*Pose-toi la question: continuer ainsi, où cela mène-t-il?*

La réponse est simple et précise: cela mène à sombrer dans le bourbier de la tristesse et de l'impuissance.

*Pose-toi la question essentielle: quel est mon but?*
*Qu'est-ce qui m'importe vraiment?*

160

Mon but c'est le Bien. Mon bien, le bien de ma famille, le bien de ceux qui m'entourent, le bien de tout le monde.

L'aspiration vers un bien capable de nous inclure tous, ne peut pas être cultivée si non en harmonie avec la source même du bien. Normalement cette source est appelée Dieu.

Le but est donc celui de vivre en contact avec Dieu dans la perspective du bien commun.

En termes pratiques: être au service de la vie et du bien commun.

*Produis un chemin pour transformer ta condition et pour la faire retourner en harmonie avec le but, pour déplacer ta vie d'où elle est jusqu'où tu voudrais qu'elle soit.*

Le chemin consiste à abandonner les pensées de non acceptation, et à les remplacer avec des pensées toujours constructives et orientées au bien commun.

Ce sont des pensées capables de *déplacer le centre de gravité de la vie du **moi** au **nous***, parce-qu'elles reconnaissent l'existence d'une intelligence supérieure qui guide la vie.

De cette façon, chaque peur s'évanouit, le drame individuel perd sa signification, et la seule chose qui compte est celle d'occuper sa propre place dans le monde de façon responsable et impeccable.

C'est une place qui prévoit, verticalement l'union avec l'Elevé, et horizontalement, l'union avec les autres.

Choisir ce chemin et le suivre avec persévérance, signifie renaître. Si je le fais, je transforme ma condition actuelle et je la fais retourner en harmonie avec le but du bien commun auquel j'aspire profondément. Le choix que je fais maintenant, exactement à cet instant, de manière totale et définitive, pour moi même et pour ceux que j'aime, s'appelle

# Renaissance

Chapitre 9

# *Lettre*
# *à un petit diable*
# *qui habite en moi*

# Lettre à un petit diable qui habite en moi

Cher ami,

tu t'es réfugié dans un plis caché de mon être, à la surface de ce que je suis, et là tu as construit une réalité faite d'obscurité, de froid et de solitude.

Tu as construit un enfer fermé et sans espoir, mais délimité et connu, et donc, selon toi, sûr.

Tu l'as préféré à un paradis sans limites pour vivre dans lequel il était nécessaire de s'exposer à un amour si grand et inconcevable de ne pas réussir à en voir même les limites.

*Je veux que tu saches que je ne suis pas différent de toi.*

A l'intelligence inconnue et pleine d'amour, que beaucoup d'hommes appellent Vie, et d'autres appellent Dieu, j'ai préferé, par crainte, une petite identité, un rôle, une maison et une histoire sur la surface de la créature qui répond au nom de Terre.

*Comme tu peux voir nous sommes frères, et comme je ne suis pas un hôte indésiré sur cette planète vivante que nous appellons Terre, tu ne l'es pas sur le planète vivente que je suis.*

Tu n'es pas une menace pour mon âme puisque

**la surface mortelle
n'a aucun pouvoir sur le centre immortel**

Toutefois je dois admettre que ta présence m'à crée beaucoup de difficultés.

En effet  tu es le **refus** *au plus profond de moi*, d'où naît chaque "**non**" *adressé à la vie.*

**Tu es la grande limite d'où naissent toutes les limites**

Tu es à l'origine de chacune de mes peurs, de mon incapacité, de ma méfiance, de mon inadéquation, de mon ignorance, de mon victimisme, de ma plainte, de ma mesquinerie, de ma duplicité, de mon hypocrisie, de ma fausseté, de ma division, de mon trahison, de mon inimitié, de ma guerre…

En quelques mots, tu es **l'obscurité** au plus profond de moi.

Les difficultés que j'ai vécues pendant mon existence, sont les manifestations, visibles et concrètes, de ta présence, et des limites que ta négation de la vie m'impose continuellement.

**Les limites sont les frontières qui contiennent
notre richesse inutilisée**

Ce sont les *schémas de la survie* qui, générés par la peur, *bloquent et incapsulent de grandes quantités d'énergie vitale.*

Lorsque la limite se dissout, la coquille se romp, et l'énergie de l'amour s'écoule libre.
La Vie reprend à avancer.

166

**C'est aux dépens des limites que la conscience se développe**

*Les limites sont donc précieuses, parce qu'elles contiennent les potentialités.*
*Elles existent pour être dépassées et non pas pour être combattues.*

C'est en les dépassant que s'étend la conscience et se réalise la possibilité de renaître continuellement.

### Que vaudrait la vie sans limites?

Sans limites il n'y aurait pas le courage, l'essor, les défis, les passions, les aventures.

Tout cela, me permet de reconnaître, que les difficultés que tu m'as causées dans le temps, ont été, pour moi, les plus grandes possibilités d'apprentissage, les leçons les plus précieuses.

Pour cela, maintenant, je vois en toi, non plus un danger ou un obstacle, mais un frère et surtout un grand maître.

### Maintenant, Maître, je voudrais te parler de notre avenir.

Grâce à toi, j'ai pu grandir, et les difficultés que tu as mises devant moi et avec lesquelles tu m'as mesuré, m'ont entraîné.
Aussi je suis allé au-delà de mes limites et j'ai vu beaucoup de mes peurs disparaître.

J'ai commencé à connaître l'ouverture, l'acceptation, l'amour et la compassion.

C'est a travers la nouvelle ouverture que des flots de lumière chaude ont commencé à me rejoindre.

Maintenant, de plus en plus souvent, ils réussissent à pénétrer au plus profound de moi et à rejoindre le centre dont ils sont en train de former un soleil intérieur qui diffuse sa lumière vers la surface. Alors je dois te communiquer qu'au petit lieu obscur et froid que tu as choisi comme demeure,

**il fera vite très chaud
et la lumière deviendra très intense**

Comme tu peux voir ton refus de la vie, en produisant mes difficultés, a crée mon ouverture.

Grâce à cette ouverture, le contact avec la lumière est devenu possible et, maintenant, elle se présente à toi comme ta difficulté.

**Un grand maître
est celui  qui sait devenir
l'éleve de son éleve**

Tu l'es sûrement, et alors, je te propose de nous inverser les rôles.

*Maintenant, comme ton maître, je voudrais te dire que tu es devant un carrefour.*

Tu peux te transformer pour recevoir la lumière, et alors nous resterons unis et nous continuerons notre chemin, ou sinon tu peux insister dans ton refus.

Dans ce dernier cas l'atmosphère chaude et lumineuse, deviendra bientôt intense et suffocante.
En ne la supportant pas, tu choisiras de t'en aller.

*Il est dur de voir son propre maître s'éloigner!*

168

Le départ de l'enseignant est sa dernière et plus grande leçon, celle qui nous dit que nous sommes prêts à voler de nos propres ailes.

Mais, maître, nous savons tous les deux que ce n'est pas une séparation définitive.

Un jour, je ne sais pas dans combien de temps, nous serons tranformés, et nous nous reconnaîtrons pleinement et réciproquement.
Nous comprendrons d'être l'un l'exact complément de l'autre: deux mondes absolument spéculaires qui, juste dans l'union et dans la fusion totale, découvrent leur signification et rencontrent leur destin. Comme ça

**nous nous retrouverons,**

**comme des âmes soeurs,**

**devant une porte étroite,**

**la porte du Bonheur,**

**prêts à en franchir le Seuil**

# ensemble

Chapitre 10

# Monsieur X
# et
# l'échiquier

# Monsieur X
# et
# l'échiquier

Personne ne sait qui est monsieur X, et lui-meme ne le sais non plus, mais il voudrait tellement le savoir.
Il contemple souvent son image dans le miroir et il se demande:

*Qui es-tu? Qui suis-je? Qui est ce monsieur X?*

$X = \ldots ?$


*C'est l'équation de sa vie et il est fermement décidé à la résoudre.*

A peine venu au monde, X commença à regarder tout autour de lui et à se déplacer selon sa curiosité.

Ses explorations le menèrent à découvrir un monde peuplé d'innombrables créatures, aucune desquelles était la même que l'autre.

Chacune vivait à l'intérieur d'un petit carré et celui était pour elle son univers, son tout.

Touts les petits carrés formaient un grand échiquier.

X désirait entrer en relation avec ces êtres aussi différents de lui, certains desquels étaient des jeunes filles, et de plus, très belles. Cela aurait été tellement beau de les rencontrer, de vivre leur vie, de s'unir avec elles!

Cette très grande perspective, pour l'immense liberté et bonheur qu'elle promettait, l'épouvanta.

A cause de cette peur, son esprit se retira et commença à formuler les pensées les plus infimes: **des pensées de refus et de négation**.

Les jours suivants, chaque fois qu'il pensa à ces êtres merveilleux, il les considéra une réalité lontaine et inaccessible, une réalité dont il se sentait séparé et dont il ne se sentait, pas même, digne.

Ensuite, il n'y pensa plus.

Cependant, interiéurement, il se sentait privé de quelque chose.
Il était orphelin et malheureux.

Ainsi il contempla sa tristesse et il essaya de la comprendre.

Ce fut un début magique parce que, grâce à ce désir de se connaître, mille autres aspects de soi commencèrent à émerger.

Depuis lors, de nombreuses vérités affleuraient chaque jour, mais l'une d'entre elle le frappa avec la clairté d'un éclair:

**il vivait lui aussi dans un petit carré**

Ce petit carré-là était son monde, sa réalité, sa richesse, mais aussi sa pauvreté et sa prison.

174

Une intuition le rejoignit avec force :



**pour entrer dans un autre monde
il faut sortir du propre**

Ainsi, il commenca à imaginer des parcours qui allaient de son petit carré à celui des créatures qui l'intéressaient le plus.
Pendant longtemps il s'amusa à projeter et à rêver de voyages de tout genre, mais ensuite finalement, la chose devint ennuyeuse et stérile.

Mais un jour il s'aperçut, avec stupeur, qu'il était en train de de promener, depuis de nombreuses heures, dans un territoire inconnu. Il n'était pas dans son petit carré et tout autour il n'y avait personne.

*Il était dans la "no man's land"!*

Il n'eut pas peur et il poursuivit, si grande était la curiosité.
Le soir, il rentra chez lui fatigué et heureux:

*il avait fait son premier voyage*

Un seul mot innondait son esprit:

**Expérience!**

À partir de ce jour-là, il vécut chaque voyage qu'il rêva.

**Il découvrait** qu'il aimait les rencontres, et que l'amour, en coulant à flots d'un être à l'autre, crée la vie.

**Il comprit** que l'échiquier c'est la Vie universelle, et que les petits carrés sont les petites vies individuelles.

**Il sut** qu'il était né pour l'échiquier, et non pas pour le petit carré, puisque, s'arrêter dans un petit carré, signifiait exclure la vie, tandis qu'il voulait l'inclure totalement.

**Il voyagea et voyagea encore**; il fit d'innombrables rencontres et il vit de nombreuses histoires d'amour et, graduellement, il commença à s'apercevoir que

**chaque expérience augmentait chez lui
l'amour pour l'échiquier**

Toutes les fois que cet amour grandissait, il voyait

**la peur disparaître et la sagesse fleurir**

tant qu'un jour inoubliable, il se rappela qui il était:

**il était le constructeur de l'échiquer!**

*Ainsi il se rappela la signification profonde de la vie.*

Pour la découvrir il était venu au monde, il avait accepté les défis et les souffrances, il avait voyagé, recherché, lutté et expérimenté incessamment.

*Cette signification était l'amour:* *l'amour pour chaque chose et pour tout le monde, pour tout ce qui est, et pour cette existence universelle, inconnue et sans limites, que beaucoup d'hommes appellent Vie et beaucoup d'autres appellent Dieu.*

**Il réalisa**, pour la première fois, qu'***univers*** signifie ***dirigé vers l'Un*** parce qu'il est comme une flèche qui pointe éternellement vers ce **Tout-Un** qui est le point de départ et la cause, mais aussi la fin et la finalitè de tout ce qui existe.

176

**Il s'aperçut** que l'amour qui venait de lui et allait vers l'Un,

*retournait de l'Un vers lui
sous forme d'amour pour lui-même*

A cet instant- là, tout à coup,

**il se sentit profondément aimé**

L'équation, finalement, était résolue:

$$X = \textit{Aimé}$$

*Note du traducteur: Aimè est le prenom de l'auteur (Amato, en italien)*

## *Conclusion*

*C'est l'histoire de ma vie, mais c'est l'histoire de chaque vie puisque toutes les vies individuelles sont une seule vie universelle.*

*L'équation est toujours la même, mais pour chacun la solution est différente.*

*Chaque homme peut trouver la valeur de X qui résout l'équation de sa vie et lui permet de se reconnaître et de reconnaître la signification et le sens de son existence.*

# Index

Finito di stampare nel mese di Giugno 2016
per conto di Youcanprint *Self-Publishing*